A.D.

THE BIBLE CONTINUES
EN ESPAÑOL

✝ ✝ ✝

LA REVOLUCIÓN QUE CAMBIÓ AL MUNDO

DR. DAVID JEREMIAH

AUTOR BESTSELLER DEL *NEW YORK TIMES*

BASADA EN EL EVENTO TELEVISIVO DE LA CADENA NBC

LA CRUCIFIXIÓN FUE SÓLO EL COMIENZO.

— LA —
REVOLUCIÓN
QUE CAMBIÓ AL MUNDO

A.D.

THE BIBLE CONTINUES

EN ESPAÑOL

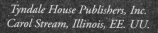

Tyndale House Publishers, Inc.
Carol Stream, Illinois, EE. UU.

Visite Tyndale en Internet: www.tyndaleespanol.com y www.BibliaNTV.com.

ShareADTheSeries.com

TYNDALE y el logotipo de la pluma son marcas registradas de Tyndale House Publishers, Inc.

A.D. The Bible *Continues EN ESPAÑOL: La revolución que cambió al mundo*

© 2015 por LightWorkers Media, LLC.

© 2015 por David P. Jeremiah.

Originalmente publicado en inglés en 2015 como *A.D.* The Bible *Continues* por Tyndale House Publishers, Inc., con ISBN 978-1-4964-0795-5.

Fotografías usadas con el permiso de LightWorkers Media, LLC. Todos los derechos reservados.

Fotografía del autor tomada por Alan Weissman, © 2011. Todos los derechos reservados.

Diseño: Jennifer Ghionzoli

Edición del inglés: Stephanie Rische

Traducción al español: Luz Marina Cadena Arias

Edición del español: Charles M. Woehr

Publicado en asociación con la agencia Yates & Yates (www.yates2.com).

ISBN 978-1-4964-0815-0

Impreso en los Estados Unidos de América
Printed in the United States of America

21	20	19	18	17	16	15
7	6	5	4	3	2	1

Para Thomas Williams

Gracias por prestar tu genio creativo para la elaboración de las secciones narrativas del libro. ¡Tu habilidad para escribir historias que nos ayudan a comprender las Escrituras es un regalo para muchos!

CONTENIDO

✛ ✛ ✛

ANTES DE QUE EXISTIERA UN A.D.

✝ ✝ ✝

La historia previa a una revolución que cambió al mundo

Hoy vivimos en la era d. C., que significa «después de Cristo». En inglés se usa A.D., del latín *anno Domini*, o «en el año de nuestro Señor». El término en latín fue acuñado en el siglo VI, cuando un monje escita llamado Dionisio el Exiguo introdujo un sistema de numeración de los años, utilizando el nacimiento de Cristo como punto de partida para el año uno. Calificó los años antes del nacimiento de Cristo como a. C., que significa «antes de Cristo». Este método de calcular el tiempo se propagó y ha sido utilizado desde entonces. Así, el nacimiento de Cristo es reconocido por nuestro calendario como el punto central de la historia mundial.

Las designaciones alternativas para marcar el tiempo, tales como e. c., que significa «era común», y a. e. c., «antes de la era común», son exactamente paralelas a las designaciones a. C. y d. C. Aunque los términos son diferentes, el sistema de numeración es el mismo, por lo que el año 2015 e. c. es también el año 2015 d. C. Pero incluso si las referencias a «nuestro Señor» y «Cristo» se eliminan, esto no cambia el hecho de que la venida de Cristo fue un evento decisivo. Se sitúa acertadamente en el centro de nuestro cómputo del tiempo, con los años extendiéndose tanto hacia atrás como hacia adelante, retrocediendo al pasado y avanzando al futuro. Evidentemente, la venida de Cristo es, y siempre será, el evento más significativo, sorprendente y transformador de la historia del planeta Tierra.

Esta transformación que Cristo efectuó fue revolucionaria en el verdadero sentido de la palabra. Él levantó una bandera de resistencia contra la tiranía del mal que había invadido la tierra en el Edén y llamó a toda la humanidad a unirse a él en una marcha hacia una victoria segura. Fue un movimiento que puso al mundo al revés.

La mayoría de la gente en el mundo occidental al menos conoce a grandes pinceladas quién era Jesús. Su nacimiento es celebrado cada Navidad, sus parábolas son bien conocidas y algunos de sus dichos son parte de nuestra lengua vernácula. Pero la parte más revolucionaria de su vida se revela en su crucifixión y resurrección. Fue por esto que él vino, y esto es lo que provocó la revolución. Estos eventos eliminaron la barrera del pecado entre las personas y Dios. Después de su resurrección, Cristo instruyó a sus discípulos a que difundieran a todas las naciones la noticia acerca de la salvación que él ofrece.

Este libro cuenta la historia de la diligencia, la dedicación y las dificultades que sus discípulos enfrentaron al llevar a cabo esta misión de llamar a la gente a darle la espalda al pecado y seguir a Cristo. En resumen, es la historia del movimiento de resistencia más grande del mundo, la iglesia cristiana. Explora la fundación de la iglesia, su razón de ser, sus duros comienzos y las raíces profundamente arraigadas que le permitieron convertirse en lo que es hoy. En otras palabras, estas páginas mostrarán por qué los siglos desde el nacimiento de Cristo son llamados d. C. —después de Cristo— los años en que el mundo fue completamente revolucionado por la venida de nuestro Señor.

La historia original de los comienzos de la iglesia se encuentra en los primeros once capítulos del libro de los Hechos, en el Nuevo Testamento. (Hechos es la abreviatura de «Los Hechos de los apóstoles»). El libro que usted sostiene ahora vuelve a contar esa historia en forma dramática. Cada incidente es relatado con gran atención a la exactitud bíblica, pero sus relatos se han ampliado para dar vida al drama que sin duda estuvo presente en los acontecimientos reales. Este recuento incluye ciertas suposiciones acerca de lo que los personajes podrían haber hecho o pensado en diversas situaciones, basadas en los hechos bíblicos y el contexto histórico que iluminan algunos espacios vacíos entre esos hechos.

Además de relatar la historia de la iglesia, cada capítulo ofrece un vistazo de lo que significan esos acontecimientos históricos para nosotros hoy en día. La revolución que dio forma a la iglesia no está limitada al primer siglo; proporciona inspiración e información que nos puede beneficiar en el aquí y el ahora.

LA MENTALIDAD A. C.

Los eventos, el entorno y las actitudes descritos en el libro de los Hechos fueron moldeados por siglos de creencias judías, maneras de pensar, tradiciones, tensiones y conflictos. Podemos comprender mejor la historia si sabemos algo del contexto histórico. Estos tres puntos claves ofrecen un breve resumen de la historia de Israel, proporcionando el trasfondo necesario para comprender los acontecimientos descritos en este libro.

Una nación especial con un propósito especial

La historia de la nación de Israel comenzó en el siglo xx a. C., cuando Dios llamó a un hombre de nombre Abraham (inicialmente Abram) y lo guió fuera de Mesopotamia a la tierra de Palestina, en el extremo oriental del mar Mediterráneo. Dios prometió a Abraham que él haría de sus descendientes una gran nación y que a través de él todas las naciones de la tierra serían bendecidas (Génesis 12:1-7). Como primer paso en el cumplimiento de esa promesa, Abraham se convirtió en el fundador de la nación de Israel.

Esta creciente nación soportó cuatro siglos de esclavitud en

Egipto hasta que el gran líder Moisés los condujo a la libertad. Él les dio un conjunto de leyes escritas por Dios mismo, cubriendo la dieta, la higiene, el cómo relacionarse, las propiedades y los rituales. Entonces Moisés llevó a los israelitas a la tierra que Dios le había prometido a Abraham. Muchos años después, Israel se convirtió en una estrella brillante entre las naciones del Medio Oriente bajo el gobierno del gran rey David y de su hijo Salomón. Pero inmediatamente después de la muerte del rey Salomón, la nación comenzó a decaer vertiginosamente.

Una causa principal de la caída fue la tendencia al exceso que tenía Salomón. Él comenzó su reinado con humildad y sabiduría, dedicándose a la construcción del templo, que fue una de las maravillas del mundo antiguo. Pero a medida que la nación crecía en prosperidad, derrochó su dinero en palacios, caballos, carros, sirvientes, fiestas y muchas otras extravagancias. Mantuvo un harén de mil mujeres, principalmente para construir alianzas con otras naciones, y permitió que esas mujeres establecieran lugares de culto a sus dioses extranjeros.

Declive y caída

Después de la muerte de Salomón, la nación de Israel se dividió en dos cuando las diez tribus del norte se rebelaron contra los elevados impuestos. Esas tribus conservaron el nombre de Israel, mientras que las dos tribus del sur, Judá y Benjamín, tomaron el nombre de la tribu dominante, Judá. La adoración de ídolos, introducida en el país por las esposas de Salomón, echó raíces y comenzó a hundir a ambas naciones en una espiral de decadencia y declive. Las tribus del norte decayeron rápidamente, y en el año 722 a. C. fueron conquistadas y deportadas por los asirios. Ellos nunca volvieron a existir como nación. Judá duró casi un siglo y medio más, pero en el año 586 a. C. los babilonios los conquistaron y los deportaron a Babilonia, una ciudad situada en lo que hoy es Irak.

Los judíos reaccionaron a la desastrosa caída de su nación restableciéndose espiritualmente. Se arrepintieron de sus pecados y, en la humillación del cautiverio, empezaron un serio intento por obedecer las leyes de Dios. Encontraron consuelo en las predicciones de sus profetas de que un Mesías vendría y los liberaría de sus enemigos, llevándolos a una gloriosa época que sobrepasaría grandemente a la de David y Salomón.

El libertador profetizado

El Tanaj judío (lo que los cristianos llaman el Antiguo Testamento) contenía más de 350 profecías concernientes al Mesías prometido. Isaías, quien profetizó durante los años del declive de Israel y Judá, previó muchos detalles sobre este libertador venidero, incluyendo su nacimiento virginal, linaje, ministerio, rechazo, sufrimiento, muerte y resurrección.

Una recurrente profecía en particular dio a los judíos ese sentimiento de ser tan especiales, que tan a menudo enfurecía a quienes los rodeaban. Los profetas predijeron que este gran Mesías no solo liberaría y gobernaría a Israel, sino que también extendería el gobierno de Israel a todo el mundo. El profeta Daniel escribió:

¿QUÉ SIGNIFICA EL TÍTULO *MESÍAS*?

Mesías es la traducción al español de la palabra hebrea *mashiach*, que se refiere a un sumo sacerdote o rey cuyo reinado comenzó mediante la unción ceremonial con aceite. Sencillamente, significa «el ungido». La palabra pronto llegó a significar un libertador o salvador de una nación o un grupo de personas. En el Antiguo Testamento, el término se aplica con frecuencia a la venida del libertador de Israel, quien rescataría a los judíos de la esclavitud y la opresión.

«Durante los gobiernos de esos reyes, el Dios del cielo establecerá un reino que jamás será destruido o conquistado. Aplastará por completo a esos reinos y permanecerá para siempre» (Daniel 2:44). Con base en esta y otras profecías similares, los judíos creían que bajo el gobierno del Mesías prometido ellos estaban destinados a gobernar el mundo entero.

Los medo-persas conquistaron Babilonia y le permitieron a los judíos cautivos regresar a su patria y reconstruir Jerusalén. Pero aún no era el tiempo adecuado para que la nación cumpliera su futuro profético glorioso o siquiera alcanzara la gloria de su época de oro bajo David y Salomón. La nación judía continuó siendo invadida por una nación tras otra. La próxima vez fueron conquistados por los griegos en el año 332 a. C. y luego por los romanos en el 63 a. C.

Los romanos dividieron el territorio judío en tres provincias: Judea (el nombre griego de Judá) al sur, Galilea al norte y Samaria en el medio. Galilea fue gobernada por reyes títeres del linaje de Herodes el Grande, y Judea fue regida por un gobernador nombrado por los romanos.

Este era el estado de la nación judía en el año 33 d. C. cuando comenzó la revolución que se describe en este libro. Fue el cumplimiento de la promesa hecha a Abraham y a la nación de Israel: la nación que Dios había levantado para traer a Jesús el Mesías al mundo.

El Mesías estaba a punto de poner al revés al mundo que se conocía hasta entonces. ¿Quién estaría listo?

CAPÍTULO I

EL DÍA QUE DIOS MURIÓ

✝ ✝ ✝

Cómo la nación elegida por
Dios asesinó a su propio rey

Mateo 26–27; Marcos 14–15; Lucas 22–23; Juan 18–19

PONCIO PILATO TENÍA un dilema en sus manos. Era la semana de la Pascua, la semana santa judía, y Jerusalén, una ciudad de casi cincuenta mil habitantes, estaba repleta de unos ciento cincuenta mil celebrantes de naciones del Medio Oriente y del Mediterráneo. Como gobernador romano de Judea, Pilato tenía buenas razones para preocuparse. Desde que los romanos habían conquistado la ferozmente independiente nación de Israel en el 63 a. C., las insurrecciones eran una amenaza constante ya que grupos de zelotes nacionalistas, frustrados bajo la ocupación romana, se levantaban con frecuencia para desafiar a sus conquistadores.

La inestabilidad en el ambiente era palpable. Tal afluencia de gente era difícil de manejar bajo las mejores condiciones, pero en esta Pascua en particular en el año 33 d. C., la tensión se había incrementado en varios grados por los rumores de que el rabino de los milagros llamado Jesús estaría presente. Muchos judíos pensaban que este hombre era el tan esperado Mesías. Lo último que Pilato quería era que un informe llegara al César de que él había permitido una rebelión contra la autoridad romana en esta región ya de por sí explosiva. Así como lo hacían los procuradores romanos en cada festival judío, Pilato trajo a cientos de soldados romanos a Jerusalén para hacer cumplir el orden.

El Concilio Supremo, un selecto grupo de gobernantes judíos conocido como el Sanedrín, creía que un Mesías vendría, y estaban a la espera de su llegada. Pensaban que quien los liberaría de sus opresores sería un gobernante poderoso, un hombre con influencia religiosa y política. Este Jesús no llenaba sus expectativas. Nacido en el anonimato a padres pobres, no tenía educación formal, parecía ser nada más que un predicador callejero itinerante, y se mezclaba con el populacho: no solo con los pescadores comunes, comerciantes y

LA PASCUA

La Pascua es un festival anual que debe su nombre a un evento que ocurrió en el siglo XIII a. C. cuando los israelitas eran esclavos en Egipto. Moisés le había advertido al terco faraón que si no liberaba a los israelitas, Dios le causaría la muerte a cada primogénito de Egipto. Para asegurar la salvación de los israelitas, Dios les ordenó que cubrieran los dinteles de las puertas de cada casa con sangre de cordero. De esta manera el ángel de la muerte «pasaría de largo» cada casa marcada, librando al primogénito dentro de ella. En la noche de la Pascua, los primogénitos de aquellos que estuvieron protegidos por la sangre del cordero se salvaron, mientras que los primogénitos egipcios perecieron. A raíz de semejante pérdida, el faraón finalmente cedió y permitió que los israelitas salieran de Egipto. Por primera vez en más de cuatrocientos años, eran un pueblo libre.

EL CONCILIO SUPREMO

El Concilio Supremo, también conocido como el Sanedrín, era el consejo de gobierno judío compuesto por setenta hombres escogidos entre los principales sacerdotes, los escribas (hombres altamente educados en la ley judía) y los ancianos de Judea. El sumo sacerdote se desempeñaba como líder del grupo. El Concilio Supremo arbitraba el derecho penal, civil y religioso. Tenía su propia fuerza policial y podía infligir castigos como encarcelamiento, multas y flagelación. Pero al consejo judío le estaba prohibido imponer la pena de muerte, la cual solo podía ser administrada por el gobernador romano.

traidores recaudadores de impuestos, sino también con reconocidos pecadores como prostitutas y personas ceremonialmente impuras, incluyendo a los leprosos.

Los miembros del Concilio Supremo se sentían frustrados por Jesús, quien parecía no tener respeto por las tradiciones de los líderes religiosos y, a sus ojos, ningún respeto por la ley de Moisés. Estaban particularmente indignados por sus aparentes violaciones a las normas del día de descanso. Uno de los diez mandamientos es «Acuérdate de guardar el día de descanso al mantenerlo santo» (Éxodo 20:8). Esto significaba que ningún trabajo debía hacerse en el séptimo día de la semana. Los líderes judíos habían incrustado en la sencilla ley una montaña de restricciones que sepultaba el día de descanso en el legalismo. Y entonces llegó Jesús, violando flagrantemente los estatutos impuestos por ellos al sanar a enfermos y al arrancar puñados de grano para que sus discípulos comieran en ese día.

Para colmo de males, estos líderes judíos veían a Jesús como un blasfemo. Cuando él hizo afirmaciones que indicaban que se veía a sí mismo como Dios, los líderes judíos no necesitaron más pruebas en su contra. El aparente desprecio e irreverencia se ajustaban perfectamente a la definición de blasfemia. El hereje debía morir.

Pero había obstáculos. Jesús se había vuelto inmensamente popular con la gente. Se los había ganado con sus milagros y curaciones, junto con sus enseñanzas vívidas, que proporcionaban un entendimiento más profundo que el que habían escuchado antes. Las personas estaban acercándose en masa a esta figura polémica y estaban escapando del control del Concilio Supremo. Se estaba haciendo evidente que él era una amenaza para su poder e influencia. Popular o no, Jesús tenía que irse.

El complot homicida del Concilio Supremo

Siguiendo la tradición de los rabinos judíos, Jesús se había rodeado de un pequeño grupo de hombres que lo seguían y que escuchaban sus enseñanzas. Al igual que los maestros de su época, los estaba entrenando para que continuaran el trabajo que él había comenzado. En los Evangelios, estos hombres son llamados *discípulos*, una palabra que significa «seguidor, estudiante o adherente». Al igual que otros que pensaban que Jesús era el Mesías, estos discípulos esperaban que él formara un ejército y expulsara a los romanos de su tierra.

Justo cuando la ira del Concilio Supremo contra Jesús escalaba hacia un plan para matarlo, ellos recibieron la oportuna visita de uno de los discípulos de Jesús, Judas Iscariote. Al final no fue muy difícil convencer a Judas de que le diera la espalda a su maestro. «¿Cuánto me pagarán por traicionar a Jesús?», les preguntó. Le ofrecieron treinta piezas de plata, y él puso a Jesús en sus manos.

Judas sincronizó su traición para que ocurriera cuando Jesús regresaba de orar en el huerto de Getsemaní después de celebrar la Pascua con sus discípulos. Se acercó a su maestro y lo saludó como es tradicional en el Medio Oriente, con un beso en cada mejilla. Este acto identificó a

Jesús ante la multitud de soldados y guardias que estaban al acecho entre las sombras. Cuando surgieron en masa para hacer el arresto, Pedro el compañero de Jesús asumió que la rebelión había comenzado. Sacó su espada y atacó a uno de ellos, cortándole una oreja (Juan 18:10).

Pero para sorpresa de Pedro, Jesús lo detuvo. «Guarda tu espada —le dijo Jesús—. Los que usan la espada morirán a espada» (Mateo 26:52). Jesús sanó la oreja del hombre con un toque milagroso (Lucas 22:51).

Pedro estaba escandalizado. ¿No habría ninguna rebelión? ¿Qué estaba tramando Jesús? Tan solo como una hora antes, Pedro había jurado permanecer con su maestro en las buenas y en las malas, diciendo, «Señor, estoy dispuesto a ir a prisión contigo y aun a morir contigo» (Lucas 22:33). Pero Jesús, sabiendo que Pedro había entendido mal la naturaleza de su misión, le respondió: «Pedro, déjame decirte algo. Mañana por la mañana, antes de que cante el gallo, negarás tres veces que me conoces» (Lucas 22:34).

JUDAS ISCARIOTE

Judas Iscariote era uno de los doce seguidores más cercanos de Jesús. Por ser el que entregó a Jesús en manos de sus enemigos, su nombre se ha convertido en sinónimo de «traidor». Ahora, ¿por qué se convirtió en un traidor uno de los amigos más cercanos de Jesús? El Evangelio de Juan indica que Judas fue motivado por la codicia. Era el tesorero de los discípulos y robó fondos de la bolsa de dinero (Juan 12:6). Lucas 22:3 ofrece una perspectiva adicional sobre su motivación: «Satanás entró en Judas Iscariote». Sin embargo, después de que Jesús fue condenado, Judas se sintió atormentado por la culpa y se ahorcó (Mateo 27:1-10). El libro de los Hechos añade detalles a lo narrado por Mateo acerca del suicidio de Judas. Nos dice que cuando Judas cayó de cabeza en un campo, «se le reventó el cuerpo y se le derramaron los intestinos» (Hechos 1:18).

En el momento del arresto de Jesús, todos menos dos de sus discípulos huyeron para salvarse la vida, cumpliendo una de las muchas profecías del Antiguo Testamento: «Mata al pastor, y las ovejas se dispersarán» (Zacarías 13:7). Pedro, sin embargo, no estaba entre los que se dispersaron. Aunque aturdido por el arresto inesperado de Jesús, estaba decidido a seguir a su amado maestro, a pesar del peligro para su propia vida. Siguió desde lejos mientras la policía del templo llevaba a Jesús a la casa de Caifás, el sumo sacerdote, para enjuiciarlo.

Pedro observó desde el patio, calentándose las manos en una hoguera, cuando una criada lo reconoció.

«Tú eras uno de los que estaban con Jesús, el galileo», dijo (Mateo 26:69).

Pedro lo negó enfáticamente.

Pero otros alrededor del fuego lo reconocieron y repitieron la pregunta dos veces más. Con creciente vehemencia, Pedro afirmó cada vez que él ni siquiera conocía a Jesús. Inmediatamente después de la tercera negación de Pedro, un gallo cantó a la distancia. Pedro recordó la predicción de Jesús de que él caería en la deslealtad. Avergonzado y lleno de culpa, Pedro huyó de la escena y fue a ocultarse con los otros discípulos.

Dentro de la casa de Caifás, Jesús enfrentó el primero de los cinco juicios que soportaría. Caifás lo interrogó con dureza, pero Jesús no ofreció ninguna respuesta hasta que el sumo sacerdote dijo, «Te exijo, en el nombre del Dios viviente, que nos digas si eres el Mesías, el Hijo de Dios». Jesús respondió: «Tú lo has dicho» (Mateo 26:63-64).

Eso era lo único que necesitaba Caifás. En un ataque de ira, rasgó su túnica y acusó a Jesús de hablar blasfemia, lo cual, de acuerdo a la ley judía, era punible con la muerte. Caifás mandó a golpear a Jesús y luego lo envió al Concilio Supremo para un juicio oficial.

Este segundo juicio estuvo tan plagado de maniobras ilegales e injustas que nadie familiarizado con las costumbres judías pensaría

PEDRO

Pedro y su hermano Andrés fueron las dos primeras personas a quienes Jesús llamó para que fueran sus discípulos (Mateo 4:18). Ambos hombres eran pescadores en el mar de Galilea, un lago de agua dulce. Eran dueños de sus propias barcas y según todos los indicios, eran razonablemente exitosos. El nombre real de Pedro era Simón, una palabra que significa «Dios ha escuchado». Jesús le cambió el nombre a Pedro, que significa «roca». Este nombre nuevo indicaba el cambio que tendría este hombre al pasar de pescador a uno de los primeros y más grandes propulsores del cristianismo. Pedro era audaz y valiente pero a menudo impulsivo, como podemos ver en su precipitada reacción al cortar la oreja de un hombre durante el arresto de Jesús. Sin embargo, su amor por su maestro era fuerte y firme. Como veremos en capítulos futuros, Pedro finalmente vivió a la altura de su nombre nuevo.

que era legítimo. Enjuiciaron a Jesús de noche, lo cual estaba en contra de la ley judía. Asumieron que él era culpable desde el principio, lo cual también iba en contra de la ley judía. Contrataron falsos testigos para declarar contra él, un acto descaradamente ilegal en cualquier corte. Maltrataron a Jesús como prisionero, azotándolo y golpeándolo, y no le proporcionaron una defensa legal. Todo el juicio de principio a fin fue una parodia de la justicia.

El consejo judío, habiendo condenado a muerte a Jesús, pero careciendo del poder legal para ejecutarlo, lo envió al gobernador Pilato para su tercer juicio. Pilato, sin duda irritado por ser molestado tan temprano en la mañana con lo que él consideraba un asunto judío, comenzó a interrogar a Jesús. Pronto se dio cuenta de que los líderes judíos estaban buscando su muerte solamente por envidia, y les dijo que no podía encontrar culpa alguna en Jesús. Pero los judíos insistieron en que su enseñanza había suscitado problemas tanto en Judea como en Galilea.

Cuando Pilato descubrió que Jesús era un galileo, pensó librarse del problema al enviarlo a Herodes, el rey títere que gobernaba Galilea, quien estaba en Jerusalén para la Pascua. Jesús enfrentó a Herodes en su cuarto juicio. Pero al igual que Pilato, Herodes no pudo encontrar nada en el hombre que mereciera la muerte. Así que envió a Jesús de regreso a Pilato para su quinto y último juicio.

Los astutos líderes judíos, conociendo que la posición de Pilato ante el César era precaria, reunieron a un grupo de judíos para que esperara en las escaleras de la fortaleza Antonia, la guarnición militar donde residía Pilato cuando estaba en Jerusalén. La inquieta muchedumbre representaba una amenaza semi velada de un levantamiento si el gobernador no accedía a los deseos del Concilio Supremo. Pilato,

JOSÉ CAIFÁS

José Caifás era el sumo sacerdote de los judíos en el año 33 d. C. Según la ley judía el oficio de sumo sacerdote se heredaba, pero los romanos habían usurpado el derecho de designarlo con el fin de asegurar la cooperación de Israel con Roma. Como sumo sacerdote, Caifás presidía el Concilio Supremo y realizaba deberes religiosos rituales, que incluían entrar en la cámara sagrada del templo, llamada el Lugar Santísimo, para ofrecer el sacrificio anual de expiación por el pueblo judío. Caifás era más pragmático que religioso. Estaba dispuesto a emplear todos los medios necesarios, fueran éticos o no, para llevar a cabo sus propósitos. Este pragmatismo lo llevó a amonestar a su consejo por titubear sobre qué hacer con Jesús, y les aconsejó matarlo en lugar de correr el riesgo de una posible revuelta que provocaría la ira de Roma.

quien ya temía un motín en la Pascua, sentía cada onza de la presión que los judíos estaban aplicando.

Sin embargo, Pilato resistió. Aunque era un político indiferente, acostumbrado a torcer la justicia a su voluntad, su conciencia no estaba completamente muerta. No quería condenar a este hombre que claramente no merecía la pena de muerte. Su inquietud se incrementó con la insistencia de su esposa para que dejara libre a Jesús porque había tenido un sueño preocupante que indicaba que él era inocente. Pilato buscaba desesperadamente un camino intermedio que le permitiera salvar a Jesús y apaciguar a los inflexibles judíos.

Pilato hizo azotar brutalmente a Jesús, pensando que tan severo castigo satisfaría el apetito sangriento de los judíos. Cuando eso fracasó en conmoverlos, trató de liberar a Jesús por medio de una antigua costumbre romana que permitía dejar en libertad a un prisionero judío condenado, habitualmente un insurrecto, como un favor a los judíos durante su semana santa. Pero la multitud, enfurecida e incitada por los líderes judíos, no quiso saber nada al respecto. Ellos gritaron una y otra vez: «¡Crucifícalo! ¡Crucifícalo!» (Lucas 23:21).

Pilato ahora temía una revuelta total si no les concedía su demanda. Él se rindió y entregó a Jesús a los soldados romanos para su crucifixión. En un vano intento por evadir la responsabilidad de su acto cobarde, ordenó traer un recipiente con agua y se lavó las manos delante de la multitud, diciendo, «Soy inocente de la sangre de este hombre. La responsabilidad es de ustedes» (Mateo 27:24).

Después de ver a Jesús condenado, una profunda ola de remordimiento abrumó a Judas Iscariote. La bolsa de piezas de plata que había codiciado ahora se levantaba como una acusación en su contra. No podía guardarlas por más tiempo. Las llevó a los principales sacerdotes y confesó su pecado, diciendo: «Traicioné a un hombre inocente». Los funcionarios cruelmente replicaron: «¿Qué nos importa? [. . .] Ese es tu problema» (Mateo 27:4).

PONCIO PILATO

Pilato era un político romano que fue nombrado gobernador de Judea por el emperador Tiberio en el año 26 d. C. Odiaba a los judíos y ellos lo odiaban a él por su inflexibilidad, brutalidad y falta de misericordia. En su libro clásico *The Life of Christ* (*La vida de Jesucristo*), James Stalker describe este odio mutuo: «[Pilato] aborrecía a los judíos a quienes gobernaba, y en momentos de cólera derramaba libremente la sangre de ellos. Los judíos correspondían con pasión a su aborrecimiento y lo acusaban de todo crimen, mala administración, crueldad y robo. Visitaba Jerusalén con la menor frecuencia posible; porque en verdad, para una persona acostumbrada a los placeres de Roma, con sus teatros, baños, juegos y sociedad [libertina], Jerusalén, con su religiosidad y el espíritu revoltoso de sus habitantes, era una residencia triste»[1]. Pilato estaba en la situación precaria de gobernar a un pueblo que no era el suyo, y cuando llegó el momento del veredicto de Jesús, eligió su reputación por encima de su conciencia.

Ese fue el golpe final para Judas; no pudo soportar por más tiempo el peso de su culpa. Arrojó al suelo del templo el dinero manchado de sangre, salió corriendo y se ahorcó.

El rey es asesinado

La crucifixión, una invención romana, era posiblemente la forma de ejecución más brutal, dolorosa e inhumana ideada alguna vez. Consistía en clavar las manos y los pies de la víctima a una cruz de madera puesta en pie. El dolor era muy agudo y no había manera de que la persona en la cruz pudiera encontrar alivio. Cuando alguien cuelga de esta manera con los brazos estirados hacia afuera, los pulmones se compriman, por lo que es imposible respirar profundamente. La muerte generalmente sobrevenía por asfixia.

Mientras Jesús colgaba en la cruz, los soldados romanos apostaron por su ropa, cumpliendo así la profecía del Salmo 22:18: «Se reparten mi vestimenta entre ellos y tiran los dados por mi ropa». A estas alturas todos los discípulos de Jesús lo habían abandonado excepto Juan, quien estaba al pie de la cruz consolando a la afligida madre de Jesús, María.

Mientras Jesús jadeaba con sus últimos suspiros, la misma tierra y el cielo reflejaron indignación por el evento: que la humanidad hubiera asesinado al Hijo de Dios. Así describe Lucas la escena:

> Ya era alrededor del mediodía, y la tierra se llenó de oscuridad hasta las tres de la tarde. La luz del sol desapareció. Y, de repente, la cortina del santuario del templo se rasgó por la mitad. Después Jesús gritó: «Padre, ¡encomiendo mi espíritu en tus manos!». Y con esas palabras dio su último suspiro. LUCAS 23:44-46

A menudo, las víctimas colgaban vivas en sus cruces por días. Jesús, sin embargo, sucumbió después de solo seis horas, sin duda debido al terrible sufrimiento que había experimentado antes de su crucifixión. Había estado despierto toda la noche y había sido obligado a caminar casi cinco kilómetros entre los lugares de sus cinco juicios. Había sufrido dos palizas, una ordenada por Caifás y la otra cuando fue azotado con látigos romanos. La segunda paliza había dejado su espalda en jirones, causando una profusa hemorragia y exponiendo capas de músculo y hueso. Una corona de zarzas espinosas había sido forzada sobre su cabeza, causándole un dolor implacable, sin mencionar el sangrado adicional. Ya estaba tan débil que no pudo cargar la viga horizontal de la cruz hasta el lugar de su ejecución, que era lo que habitualmente se obligaba a hacer a los condenados.

Mientras se acercaba el final del día, los líderes judíos, asumiendo que Jesús estaba vivo, pidieron a Pilato que le rompieran los huesos de sus piernas para que muriera antes de la puesta del sol. El día de descanso comenzaría a las seis de aquella tarde, y era contra la ley judía dejar a un cadáver sin sepultar en el día de descanso. Romper las piernas de las víctimas crucificadas hacía imposible que se impulsaran hacia arriba para aliviar la presión de sus pulmones, acelerando así el proceso de asfixia.

Pilato dio la orden, y se asignaron soldados romanos para que llevaran a cabo esta triste tarea. Pero cuando se acercaron a Jesús, él parecía ya estar muerto. Para estar seguro, un soldado clavó profundamente una lanza en su costado. Sangre y agua brotaron de la herida, indicando que el suero sanguíneo ya había comenzado a separarse en sus componentes, una clara señal de que el corazón ya no latía.

Con estos dos actos —dejando intactas las piernas de Jesús y perforando su costado— los soldados romanos cumplieron inconscientemente dos profecías más acerca de Jesús: «El Señor protege los huesos de los justos; ¡ni uno solo es quebrado!» (Salmo 34:20) y «Me mirarán a mí, a quien atravesaron» (Zacarías 12:10).

Entre los miembros del Concilio Supremo había un hombre rico llamado José, quien venía de una ciudad de Judea llamada Arimatea. José era un seguidor de Jesús y se había opuesto a la decisión del consejo de procurar su muerte. Él fue a Pilato en secreto (para ocultar su acción de sus colegas), y pidió hacerse cargo del cuerpo de Jesús.

José, ayudado por Nicodemo, otro miembro del Concilio Supremo quien secretamente seguía a Jesús, tomó el cuerpo, lo trató con treinta y tres kilos de ungüento perfumado, una mezcla de mirra y áloe, y lo envolvió herméticamente en varias capas de mantos fúnebres tradicionales. Pusieron el cuerpo sobre una losa de piedra en una tumba recién excavada perteneciente a José, cumpliendo así con otra profecía: «Fue enterrado como un criminal; fue puesto en la tumba de un hombre rico» (Isaías 53:9). Luego los dos hombres, sin duda ayudados por amigos o personal contratado, rodaron una enorme piedra en forma de disco para cubrir la abertura.

La noche en la tumba

Los miembros del Concilio Supremo estaban muy conscientes de que Jesús había predicho que resucitaría al tercer día después de su muerte. Para evitar que sus discípulos robaran el cuerpo y afirmaran que había resucitado, los líderes pidieron que Pilato sellara la tumba y pusiera allí soldados romanos para guardarla hasta que hubieran pasado tres días. Pilato les concedió su petición. La piedra que cubría la tumba fue asegurada con un sello romano, y se apostó allí una guardia romana de cuatro a dieciséis soldados para prevenir que alguien se acercara a la tumba.

Si el relato bíblico del arresto de Jesús, de los juicios y de la crucifixión terminara aquí, sería una historia verdaderamente sombría —una tragedia nunca antes vista por la raza humana. Pero esto es lo que sucedió después:

> ¡De repente, se produjo un gran terremoto! Pues un ángel del Señor descendió del cielo, corrió la piedra a un lado y se sentó sobre ella. Su rostro brillaba como un relámpago, y su ropa era blanca como la nieve. Los guardias temblaron de miedo cuando lo vieron y cayeron desmayados por completo. MATEO 28:2-4

La resurrección de Jesús había comenzado.

✝ ✝ ✝

¿POR QUÉ TUVO QUE MORIR JESÚS?

Este capítulo describe el primero de dos eventos determinantes en la vida de Jesús que muestran por qué vino a la tierra. En primer lugar, vino a morir, y en segundo lugar, para ser resucitado a una vida nueva. Estos dos eventos no pueden separarse, porque uno está supeditado al otro. Sin embargo, es importante notar lo que la muerte de Jesús hizo por la humanidad, incluso antes de que ocurriera la resurrección.

Podemos ver la importancia que Dios da a la muerte de Jesús mediante el hecho de que casi una quinta parte del Evangelio de Lucas, una cuarta de Mateo, y alrededor de un tercio de Juan y Marcos se dedican a sus horas finales. Esto es apropiado cuando consideramos que su propósito principal al venir a la tierra era morir. En ese sentido, él fue más importante para nosotros en la muerte que en la vida. Para entender por qué la muerte de Jesús es tan importante para nosotros, tenemos que volver al principio.

Todo comenzó en el Edén

La Biblia nos dice que en el principio Dios creó al hombre y a la mujer a su imagen y en perfecta relación con él. Pero Dios también les dio la libertad de elegir si vivían bajo el mejor plan que él tenía para sus vidas o si vivían bajo sus propios términos. Trágicamente, cuando le pusieron atención a Satanás, quien apareció en la forma de una serpiente, y comieron el fruto del infame árbol prohibido, eligieron rechazar a su creador y convertirse en sus propios amos. Sin embargo, en lugar de obtener independencia, ahora vivían bajo la tiranía de Satanás.

Con esta decisión se produjeron las muertes inevitables de Adán y Eva. Dios es la fuente de la vida, y al rechazarlo, la primera pareja se condenó a sí misma a la muerte. Hay una ley preestablecida en el universo: «La persona que peque es la que morirá» (Ezequiel 18:20). Nuestro problema es el mismo que el de ellos, porque heredamos su naturaleza y el resultado de su elección pecaminosa, y hemos vivido la vida que ellos nos transmitieron —una vida de orgullo y rebelión contra Dios.

Pero Dios amó a este primer hombre y a esta primera mujer, y no

COSTUMBRES FUNERARIAS DE LOS JUDÍOS

Una tumba como la que pertenecía a José de Arimatea era solo un lugar temporal para poner el cuerpo mientras pasaba por las etapas naturales de descomposición. Después de un año o algo más, los restos óseos eran recogidos y colocados en un osario, o caja para huesos, para luego ser enterrados de manera permanente, por lo general, dentro de la pared de la tumba. El papel desempeñado por José de Arimatea en la sepultura de Jesús se relata en los cuatro evangelios, pero después de ese evento nunca se le menciona otra vez. Una leyenda dice que llevó el evangelio a Bretaña y que allí estableció la primera iglesia cristiana. Aparece en las leyendas artúricas como el guardián del Santo Grial.

estaba dispuesto a abandonarlos —o a nosotros, sus descendientes— a las garras de la muerte. En su sabiduría y su gracia, Dios prometió a la pareja condenada que enviaría un libertador que aplastaría el poder del pecado y de Satanás, y liberaría a la gente de las garras de la muerte (Génesis 3:15).

Esta solución llegó con gran costo para Dios, porque significaba que él proveería un rescate para liberar a la humanidad de Satanás. Ese rescate no sería otro que el propio Hijo de Dios, a quien conocemos como Jesús. Permitiría que lo enviaran a él a la muerte en lugar de a la gente a quien amaba. Jesús confirmó explícitamente esto a sus seguidores cuando dijo que había venido a la tierra «para dar su vida en rescate por muchos» (Marcos 10:45).

En el libro de C. S. Lewis, *El león, la bruja y el ropero*, vemos este principio de rescate retratado en una vívida narración. El gran león Aslan, el hijo del gran «Emperador más allá de los mares», es la figura de Cristo en estas historias. Él se ofrece a sí mismo a la malvada reina que ha esclavizado a Narnia, y le permite ejecutarlo en lugar de un niño que se ha condenado a sí mismo por comer su golosina mortal. De la misma manera, Jesús, quien es el Hijo de Dios, vino a la tierra para ofrecerse a sí mismo como rescate por nuestros pecados, liberándonos así de la condenación eterna.

La historia dice que los romanos crucificaron a Jesús. El profeta Isaías dice que Dios lo hizo (Isaías 53:4). Pedro acusó a los judíos de crucificarlo (Hechos 2:23). Pero la verdad es que *nosotros* lo crucificamos. Él murió por nosotros.

En última instancia, nosotros somos los culpables de la crucifixión de Jesucristo. Los romanos y los judíos fueron simplemente los instrumentos que provocaron su muerte. Él tomó el castigo que merecemos y llevó a la tumba el terrible peso de nuestra culpa. Dios escogió lo mejor que el cielo podía ofrecer, su propio Hijo, y lo envió aquí a morir con el fin de pagar el castigo por nuestros pecados.

Las cinco respuestas a la muerte de Jesús

A pesar de lo crucial que es la muerte de Jesús, no todo el mundo reacciona ante ella de una manera positiva. Algunas personas son indiferentes, otras son antagónicas y otras más son agradecidas. Las personas que presenciaron la crucifixión de Jesús reflejaron todas estas actitudes, y estas son precisamente las mismas actitudes que tienen las personas con respecto a Jesús hoy.

LAS MASAS RESPETUOSAS

Lucas 23:33, 35 dice que cuando Jesús y sus verdugos «llegaron a un lugar llamado "La Calavera", lo clavaron en la cruz. [. . .] La multitud observaba». Masas de gente estaban allí ese día, viendo morir al Rey de reyes. Eran meros espectadores; no se sintieron afectados ni se involucraron. Ellos vieron la escena con simple curiosidad. Sin duda, muchos de ellos habían presenciado a Jesús predicando y haciendo sanaciones; quizás hasta lo habían respetado como a un gran maestro y hacedor de milagros. Pero para ellos, su muerte era solo la de un buen hombre quien, desafortunadamente, había entrado en conflicto con las autoridades.

Tal vez la gran mayoría de las personas hoy son como las masas respetuosas. Simplemente miran sin involucrarse. Respetan a Jesús como a un gran hombre que puso su vida en juego, pero su muerte no tiene ningún efecto sobre ellas. Ven el Viernes Santo como un día más del calendario y nunca se detienen a considerar su significado crucial para su vida ahora y para su futuro eterno.

LOS LÍDERES RELIGIOSOS

Los escribas, los fariseos y los miembros del Concilio Supremo —aquellos a quienes acudían los judíos en busca de orientación— se burlaron de Jesús mientras él moría en la cruz, diciendo: «Salvó a otros [. . .] que se salve a sí mismo si de verdad es el Mesías de Dios, el Elegido» (Lucas 23:35). Mateo nos muestra toda la extensión de la burla, reportando el insultante lenguaje corporal. La gente «movía la cabeza en forma burlona. "¡Pero mírate ahora! —le gritaban—. Dijiste que ibas a destruir el templo y a reconstruirlo en tres días. Muy bien, si eres el Hijo de Dios, sálvate a ti mismo y bájate de la cruz"» (Mateo 27:39-40).

Intentando burlarse del Señor con sus propias palabras, los líderes religiosos no comprendieron dos puntos cruciales. El primero era que el templo al cual él se refería era su propio cuerpo, no el templo de Jerusalén. Estos líderes religiosos destruirían su cuerpo, pero volvería a la vida en tres días. Segundo, no entendían que Jesús poseía todo el poder necesario para descender de la cruz. Pero fue por el bien de ellos —por el bien de todos nosotros— que él contuvo su poder. Si él se hubiese bajado y salvado a sí mismo, toda la población del mundo —pasada, presente y futura— habría sido condenada eternamente.

Los sumos sacerdotes, los escribas, los fariseos y los ancianos, por no mencionar a todo el Concilio Supremo, deberían haber sido quienes lideraran a la gente a creer en su Mesías. Pero en vez de eso, ellos se burlaron del Salvador del mundo. Tristemente, lo mismo sucede también hoy en día. Algunas personas se esmeran en burlarse de Jesús y de sus seguidores. Lo que no saben es que el silencio de Dios ante la burla no es porque él sea impotente, sino más bien porque es paciente, esperando el momento adecuado para que su gloria completa sea manifestada.

LOS SOLDADOS ROMANOS

Estos hombres estaban entrenados en el arte de la brutalidad, y se podría argumentar que los soldados simplemente estaban haciendo su trabajo. Pero en realidad hicieron más que eso. No le mostraron nada de respeto a Jesús. Se burlaron de él sin piedad. Incluso sortearon su ropa a los pies de la cruz. Estos eran hombres endurecidos que veían la muerte de Jesús como una parte más de su deber militar, y en pro de la diversión, ridiculizaron lo que no entendían.

Aunque vivimos en una época que se enorgullece de la tolerancia religiosa, aún hay «soldados romanos» hoy: aquellos que se esfuerzan por rechazar a Cristo y perseguir a sus seguidores. Esto puede ocurrir de maneras físicas, pero también puede suceder en formas más sutiles como el rechazo y la discriminación.

EL LADRÓN QUE LO RECHAZÓ

Tres hombres fueron crucificados ese día: Jesús y dos ladrones. Ambos ladrones fueron ejecutados con justa causa por su mal comportamiento. Uno de ellos, un hombre depravado, colmó de abuso a Jesús, mientras todos morían colgados en sus cruces. «¿Así que eres el Mesías? Demuéstralo salvándote a ti mismo, ¡y a nosotros también!» (Lucas 23:39). Aunque la puerta oscura de la muerte estaba abierta de par en par, preparada para recibirlo, el ladrón se negó a arrepentirse de su pecado o volverse a aquel que podía perdonarlo.

Algunas personas todavía rechazan a Jesús, incluso en su última hora. Saben que solo él puede cerrar la puerta de la muerte y abrir la puerta a la vida eterna, pero se ven frenados por su propio orgullo.

EL LADRÓN ARREPENTIDO

El otro ladrón, sabiendo que estaba siendo crucificado al lado de un hombre inocente, reprendió a su compañero por su burla: «"¿Ni siquiera temes a Dios ahora que estás condenado a muerte? Nosotros merecemos morir por nuestros crímenes, pero este hombre no ha hecho nada malo". Luego dijo: "Jesús, acuérdate de mí cuando vengas en tu reino"» (Lucas 23:40-42).

El ladrón arrepentido nos sirve de recordatorio que en tanto que nos quede aliento, no es demasiado tarde para volvernos a Cristo. Aún después de vivir una vida de pecado, las personas pueden verse a sí mismas por lo que son y volverse a Jesús para la salvación.

¿En qué grupo se encuentra usted?

Considere su propia respuesta a la muerte de Jesús. Cada persona sobre la tierra está representada en el lugar de la cruz por uno de los grupos presentes en su crucifixión. Eso lo incluye a usted y me incluye a mí. La pregunta que debe hacerse es: «¿En cuál grupo estoy?». ¿Se burla de Jesús como lo hicieron los líderes judíos, los soldados romanos y el ladrón impenitente? ¿Simplemente lo ve con indiferencia igual que lo hicieron las masas respetuosas? ¿O sigue el ejemplo salvador del ladrón arrepentido?

Nuestros pecados son manchas profundas que pueden ser quitadas de nuestra alma solo si los ponemos en la cruz con Jesús. Si usted no le ha entregado sus pecados a él, sepa que este es un asunto de vida o muerte. Dios lo invita a pedir perdón, a aceptar lo que Jesús hizo por usted y a dejar que él lleve sus pecados a la cruz.

Si usted ya es cristiano, su llamado es examinar su vida regularmente a la luz de la cruz. Vuelva su mirada hacia la cruz con frecuencia para ver el alto precio que fue pagado por su redención. Así como el niño en Narnia fue redimido por la muerte de Aslan, usted ha sido redimido por la muerte de Jesús. «El precio de su rescate no se pagó con cosas perecederas, como el oro o la plata, sino con la preciosa sangre de Cristo» (1 Pedro 1:18-19, NVI). Este fue el propósito de la venida de Jesús a la tierra. Él vino a tomar la muerte que merecíamos, liberándonos así de las garras de Satanás.

Sin embargo, el proceso de redimir a la humanidad de la muerte no estaría completo sino hasta después de la resurrección de Jesús, un evento que exploraremos en el siguiente capítulo.

CAPÍTULO 2

DE LA PENA A LA GLORIA

✢ ✢ ✢

El rey asesinado regresa
de la tumba

Mateo 28; Marcos 16; Lucas 24; Juan 20–21

MARÍA MAGDALENA CONTEMPLABA la lúgubre escena con el corazón apesadumbrado. Ella y su amiga, otra María, miraban y lloraban mientras dos seguidores de Jesús, José de Arimatea y Nicodemo, recostaban el cuerpo envuelto de su maestro en la tumba de José. Entonces los dos hombres salieron de la cueva labrada y cortaron las sogas que retenían a una enorme piedra, en forma de disco, que pesaba casi dos toneladas. Liberada de sus cuerdas, la gigantesca roca rodó por una corta rampa y se instaló con un golpe seco sobre la entrada de la tumba.

Todo había terminado. Las esperanzas que estas mujeres habían alimentado por tres años ahora yacían tan pesadas y muertas como el cuerpo que estaba detrás de esa piedra. El dolor y la desesperación inundaron sus corazones, en parte porque había muerto alguien a quien ellas amaban muchísimo, pero aún más porque ellas habían creído que él era el Mesías, el libertador largamente profetizado que liberaría a su tierra de la dominación romana.

Pero ese día, ellas habían visto al objeto de sus esperanzas morir una muerte cruel y torturada, clavado a una cruz por el mismo Imperio romano que ellas creían que él había venido a conquistar. Ahora yacía en silencio en la oscuridad de una tumba, muerto. Cuando la gran piedra cayó en su lugar, cubriendo la entrada de la tumba, las dos mujeres se dieron la vuelta y caminaron penosamente hacia sus hogares.

El misterio del cuerpo desaparecido

María Magdalena era la más conocida de las mujeres que seguían a Jesús, y había sido una seguidora comprometida con el apoyo financiero de su ministerio. Sin duda le molestaba que el funeral de Jesús hubiera sido apresurado para poder meterlo en la tumba antes de la puesta del sol, como lo requería la ley judía. Pensando que la tarea de la unción estaba incompleta, estaba decida a regresar a terminar el trabajo.

El domingo por la mañana, el día después del día de descanso, María Magdalena se levantó temprano y se dirigió a la tumba llevando especias para ungir el cuerpo de Jesús. Este era un emotivo acto de amor. A pesar de su profunda decepción, estaba decidida a honrar y a servir a su líder ejecutado, incluso en su muerte.

Cuando María llegó, algo la detuvo en seco. La boca oscura de la tumba estaba abierta. La piedra ya no estaba. No rodada hacia atrás sobre su zanja, sino que reposaba inexplicablemente sobre el suelo a cierta distancia. Su sorpresa, sin embargo, no fue causada por algún pensamiento de que Jesús había resucitado. Su fe había muerto con él. Ella asumió que la tumba había sido saqueada. Muy molesta, corrió a contárselo a los discípulos.

Un asombroso descubrimiento

Aquel sábado entre la crucifixión y la resurrección fue sin duda el día más largo que los acobardados discípulos de Jesús jamás hubieran experimentado. Habían puesto toda su esperanza en Jesús. Habían dejado todo y lo habían seguido con esperanzas de gloria y de altos puestos en el nuevo gobierno que pensaban que él habría de crear después de expulsar a los romanos y guiar a Israel a su época de oro. Pero ahora, este hombre en quien habían invertido tres años de su vida estaba muerto. Sus esperanzas y sus sueños habían sido aniquilados. Solo atinaban a pasar el tiempo quietos, sufriendo un duelo como nunca antes habían sentido.

Entonces, de repente, María Magdalena irrumpió en la escena sombría y clamó: «¡Sacaron de la tumba el cuerpo del Señor, y no sabemos dónde lo pusieron!» (Juan 20:2).

Los discípulos quedaron estupefactos. ¿Qué podría haber sucedido? Inmediatamente, Pedro y Juan se levantaron y corrieron a la tumba. No creían que Jesús había resucitado, pero querían saber qué había pasado con el cuerpo. Al llegar a la tumba, esperando el peor de los casos, se encontraron con una escena para la que nada podría haberlos preparado.

La tela que cubría el rostro de Jesús estaba doblada y puesta a un lado, pero las tiras con las que su cuerpo había sido atado permanecían intactas, en la misma forma en que José y Nicodemo las habían envuelto. Conservaban la forma de un cuerpo, pero no había nada adentro. Parecían la envoltura vacía de una crisálida. Jesús había resucitado a través de la tela; la forma de la tela ni siquiera se había perturbado.

Ver las mortajas en tal condición fue lo único que Juan necesitó para creer que Jesús había resucitado de entre los muertos. No se nos dice si Pedro también creyó lo mismo en ese momento. Pero no se puede negar que ambos hombres vieron un fenómeno increíble, y se apresuraron a regresar para contarles a los demás lo que habían visto.

Sin embargo, María Magdalena no regresó con Pedro y Juan. Se quedó parada afuera de la tumba, llorando. Después de un tiempo, se inclinó para mirar dentro de la abertura oscura. En ese momento

MARÍA MAGDALENA

La primera persona que vio a Jesús resucitado y creyó en su resurrección fue una mujer llamada María Magdalena. Su nombre proviene de su pueblo natal, Magdala, situado justo al noroccidente del mar de Galilea. Ella se convirtió en una comprometida seguidora de Jesús que también le brindaba apoyo financiero después de que él expulsara de ella siete demonios que la habían poseído (Marcos 16:9, Lucas 8:1-3). La historia ha identificado erróneamente a María Magdalena como la prostituta que lavó los pies de Jesús con un costoso perfume y los secó con sus cabellos (Lucas 7:38), pero no hay evidencia para apoyar esta conjetura. De hecho, esta es una situación poco probable, porque aparentemente María tenía patrimonio familiar y no habría necesitado recurrir a ese estilo de vida para su supervivencia.

recibió su segunda sorpresa de la mañana. Dos ángeles deslumbrantes estaban sentados en la tarima de piedra donde el cuerpo de Jesús había estado recostado. Le preguntaron por qué lloraba. «Porque se han llevado a mi Señor —contestó ella—, y no sé dónde lo han puesto» (Juan 20:13).

Entonces, sintiendo una presencia afuera de la abertura de la tumba, se volvió para ver a un hombre parado allí. Ella supuso que era el cuidador y le preguntó adónde había llevado el cuerpo de Jesús. Pero en el momento en que él pronunció su nombre, ella reconoció su voz: ¡él era Jesús resucitado! Rebosante de alegría, corrió a contarles a los discípulos que había visto a Jesús resucitado y a entregarles su mensaje.

La noticia de estos misteriosos acontecimientos se extendió rápidamente entre los discípulos, y los lanzó al caos. ¿Qué deberían creer?

Juan parecía creer que Jesús había resucitado. María Magdalena estaba segura de ello. Pedro quizás dudaba todavía. Los sentimientos de los demás probablemente cubrían una gama de la incredulidad a la esperanza.

Más tarde esa misma noche, los discípulos estaban cenando, aún detrás de puertas bien cerradas. De repente, un hombre apareció ante ellos en la habitación y dijo: «La paz sea con ustedes» (Juan 20:19). Los discípulos estaban aterrorizados. No había entrado por la puerta, pues aún estaba cerrada. ¿Era un fantasma? Pero entonces el hombre expuso ante ellos sus pies y sus manos cicatrizados de los clavos. ¡Era Jesús! Sí había resucitado de verdad.

La sala estalló en eufórica alegría. Jesús pidió comida, y compartieron con él su cena de pescado asado, que comió, demostrando que no era un fantasma. Estaba vivo, con un cuerpo compuesto de órganos y miembros.

Un discípulo, Tomás, no estaba con los demás cuando Jesús apareció. Cuando regresó, los otros discípulos le contaron lo que había

EL CUERPO RESUCITADO DE JESÚS

Había algo único acerca del cuerpo resucitado de Jesús. Podía penetrar materiales sólidos: no solo la mortaja, sino también paredes de piedra y puertas cerradas. Muchas personas han supuesto que esto significaba que su cuerpo era fantasmal, menos sólido que la materia física.

Pero ese no fue el caso. El cuerpo resucitado de Jesús ahora estaba acondicionado para habitar el cielo, la realidad postrera, lo cual lo hacía aún más sólido que la materia en nuestra dimensión. Las barreras físicas como paredes, mortaja y piedras no pudieron evitar que él las traspasara. Esto nos da una idea de por qué fue removida la piedra: no fue para que Jesús saliera; fue para permitirnos entrar. Era un mensaje de Dios para que sus seguidores supieran que la tumba estaba vacía.

sucedido. Él no lo creyó ni por un momento, diciendo: «No lo creeré a menos que vea las heridas de los clavos en sus manos, meta mis dedos en ellas y ponga mi mano dentro de la herida de su costado» (Juan 20:25).

A los ocho días, Jesús apareció de nuevo a sus discípulos, y en esta ocasión Tomás estaba con ellos. Jesús se acercó a Tomás y le dijo, «Pon tu dedo aquí y mira mis manos; mete tu mano en la herida de mi costado. Ya no seas incrédulo. ¡Cree!». Las dudas de Tomás desaparecieron. Con gozoso asombro exclamó: «¡Mi Señor y mi Dios!» (Juan 20:27-28).

El aprieto de los guardias romanos

Los testigos más cercanos a la resurrección misma fueron, por extraño que parezca, los enemigos de Jesús, los soldados romanos que hacían guardia en la tumba. Temprano en la mañana del domingo ellos vieron el acontecimiento más espectacular del que cualquier ser humano jamás haya sido testigo. Pero para ellos, este evento que cambió al mundo estaba lejos de ser una experiencia agradable. Comenzó con un terremoto repentino que hizo temblar el suelo con tanta violencia que ninguno de ellos pudo permanecer en pie. A continuación, un gran ángel, brillante como un rayo y vestido de blanco resplandeciente, descendió de los cielos y movió la enorme roca de la entrada de la tumba como si fuera una piedrita. El fenómeno sin precedentes sobrepasó los sentidos de estos endurecidos soldados, y cayeron desmayados al suelo.

Cuando despertaron y se asomaron a la boca abierta de la tumba ahora vacía, supieron que estaban en serios problemas. Habían fracasado en su única y crítica misión. Y seguramente sabían que sus superiores encontrarían su explicación totalmente descabellada.

Pero no había otra salida; los soldados tenían que reportar lo sucedido. Temiendo a sus propios comandantes, fueron primero adonde los jefes de los sacerdotes judíos y les explicaron lo que habían visto. Estos judíos sabían que si la historia de los soldados se divulgara,

TOMÁS

Tomás, uno de los doce apóstoles de Jesús, a menudo es calumniado injustamente. A lo largo de la historia ha sido llamado «Tomás el incrédulo», caracterizado como alguien que carecía de fe, ya que se negó a creer que Jesús había resucitado si no tenía pruebas de ello. La verdad, sin embargo, es que la fe de Tomás era bastante fuerte. En una ocasión, cuando Jesús no pudo ser disuadido de ir a un pueblo cercano a Jerusalén donde los líderes judíos querían matarlo, Tomás les dijo a los demás: «Vamos nosotros también y moriremos con Jesús» (Juan 11:16). Tomás era un hombre que exigía hechos, y esta faceta de su personalidad surgió cuando se enteró de que Jesús estaba vivo. No se dejaría engañar por rumores extraños; su fe necesitaba evidencia, que Jesús le suministró voluntariamente.

toda su manipulación para sacar a Jesús del camino sería en vano. Sin embargo, ellos sabían que la gente les preguntaría a los soldados qué había sucedido esa noche. Así que los sacerdotes les ofrecieron a los soldados una considerable suma de dinero si decían: «Los discípulos de Jesús vinieron durante la noche, mientras dormíamos, y robaron el cuerpo» (Mateo 28:13).

Sin duda, los soldados se opusieron a esta solución. Para un soldado romano —un miembro del ejército más rigurosamente entrenado en el mundo— dormirse durante su turno era un crimen castigado con la muerte. Pero ellos aceptaron el soborno y propagaron la historia, con la promesa de que si la noticia llegaba a oídos de Pilato, los sacerdotes lo apaciguarían. Estos judíos, por supuesto, sabían que Pilato estaba tan interesado como ellos en suprimir cualquier rumor de una resurrección.

El hombre en la orilla del mar

El Concilio Supremo sabía que mientras el cuerpo de Jesús estuviera desaparecido, los rumores de que había resucitado se extenderían como una epidemia. Si tan solo pudieran encontrar y mostrar el cuerpo, la amenaza que Jesús representaba sería sofocada de una vez por todas. A pesar de los fenómenos inexplicables de la piedra movida, el sello roto, la tumba vacía y las muchas profecías que se cumplieron en la resurrección, creían que de alguna manera este grupo acobardado de unos don nadie que seguían a Jesús se las había arreglado para traspasar la vigilancia de los guardias, abrir la tumba y robar el cuerpo de su maestro. Si pudieran encontrar a esos discípulos, pensaban que a través de la tortura, el soborno o algún otro medio despiadado, podrían persuadirlos de regresar el cuerpo.

Los discípulos sabían que los líderes judíos estaban tratando de cazarlos. El Evangelio de Juan nos dice que todos ellos se habían reunido en algún lugar en Jerusalén «porque tenían miedo de los líderes judíos» (Juan 20:19). No hay duda de que los rumores de la resurrección llevarían a las autoridades a intensificar su búsqueda. Los discípulos salieron de Jerusalén y se dirigieron hacia el norte, a sus casas cerca del mar de Galilea.

Sin tener ahora una dirección clara para su futuro, Pedro y sus compañeros pescadores reanudaron su profesión. Lanzaron su barco al mar y trabajaron toda la noche, pero no pescaron nada. Poco después del amanecer, se dieron por vencidos y se dirigieron hacia la orilla. No estaban lejos de la tierra cuando vieron a un hombre parado en la playa. Él los llamó y les preguntó si habían pescado algo. No, admitieron con amargura, no tenían nada.

Entonces el hombre dijo: «¡Echen la red a la derecha de la barca y tendrán pesca!» (Juan 21:6).

Pedro debe haber pensado: *¿Quién se cree este hombre? Somos pescadores profesionales; sabemos lo que estamos haciendo. ¿Por qué este vagabundo está diciéndonos cómo llevar a cabo nuestro negocio?*

Pero como tenían sus equipos listos, no tenían nada que perder. Echaron sus redes a la derecha de la barca. La red inmediatamente se llenó con tantos peces que estaba a punto de romperse: ni siquiera podían recogerla y meterla al barco. En cambio, se vieron obligados a arrastrarla detrás mientras remaban hacia la orilla.

«¡Es el Señor!», exclamó Juan mientras se acercaban. Sin dudarlo, Pedro se tiró al mar y nadó hasta la orilla, sin poder esperar a llegar con el barco sobrecargado. Cuando los otros discípulos llegaron, cocinaron un abundante desayuno de pescado y se deleitaron con la presencia de su Señor.

Después de comer un desayuno de los mejores pescados que hubieran probado alguna vez, se sentaron alrededor de la fogata, disfrutando de la compañía de Jesús. Entonces, inesperadamente, Jesús se volvió a Pedro y le preguntó: «¿Me amas más que estos?»

Pedro le respondió: «Sí, Señor, tú sabes que te quiero».

«Entonces, alimenta a mis corderos», le respondió Jesús.

Esta aparentemente extraña respuesta hace referencia a la profecía de Zacarías que Jesús había citado durante la noche de su última cena con sus discípulos: «Esta noche, todos ustedes me abandonarán, porque las Escrituras dicen: "Dios golpeará al Pastor, y las ovejas del rebaño se dispersarán"» (Mateo 26:31).

De hecho, las ovejas se habían dispersado, tal como el profeta había predicho. Cada discípulo lo había abandonado, excepto Juan. Jesús estaba indicando que la responsabilidad de Pedro pronto involucraría el cuidado de ese rebaño disperso.

Un momento después, Jesús hizo la pregunta de nuevo: «¿Simón, hijo de Juan, me amas?».

De nuevo Pedro respondió, «Sí, Señor. Tú sabes que te quiero».

Y de nuevo Jesús respondió, «Entonces, cuida de mis ovejas».

Y luego, para consternación de Pedro, Jesús preguntó una tercera vez, «Simón, hijo de Juan, ¿me quieres?».

Podemos escuchar la frustración en la voz de Pedro cuando respondió, «Señor, tú sabes todo. Tú sabes que yo te quiero».

Por tercera vez Jesús le encargó a Pedro, «Entonces, alimenta a mis ovejas». Pero esta vez él añadió una profecía que le dijo a este discípulo destrozado que de ahí en adelante él sería un defensor de su Señor resucitado, sirviéndole incluso hasta el punto de ser encarcelado y muerto (Juan 21:15-19).

Para nosotros, esta no parece ser una predicción por la cual estar feliz. Pero para un hombre que había negado a quien más amaba en el mundo, esto significó la plena restauración de su posición ante el Señor y sus condiscípulos. A pesar de su anterior fracaso, a Pedro aún se le habían confiado grandes responsabilidades. Esta piedrita de hombre se transformaría en la roca que Jesús había predicho que llegaría a ser.

Este intercambio inusual entre Jesús y Pedro es importante porque sirve como punto de inflexión para Pedro, quien, como veremos en los próximos capítulos, se convirtió en el apóstol más visible y activo entre los que habían caminado con Jesús durante sus tres años de ministerio en la tierra.

La promesa enigmática

Jesús instruyó a sus discípulos a que permanecieran en Jerusalén, donde debían esperar a que Dios el Padre los llenara «con poder del cielo» (Lucas 24:49). La única pista que dio Jesús en cuanto a lo que sería este poder fue que en unos cuantos días los discípulos serían «bautizados con el Espíritu Santo» (Hechos 1:5). Pero este concepto era confuso para los discípulos. Sin comprender lo que eso significaba, le preguntaron: «Señor ¿ha llegado ya el tiempo de que liberes a Israel y restaures nuestro reino?» (Hechos 1:6).

La milagrosa resurrección de Jesús revivió sus esperanzas de una rebelión contra Roma. Ciertamente era el Mesías de Israel y ahora era invencible. Incluso el enorme poder del ejército romano no podría contra un hombre que había muerto y regresado a la vida. Seguramente los guerreros ansiosos por la batalla acudirían a él en masa.

Estos hombres continuaban sin comprender nada en absoluto acerca de la verdadera misión de Jesús. Pero él no los corrigió. Muy pronto el significado de todo eso se pondría en orden, y como él les dijo, serían sus testigos «en Jerusalén, por toda Judea, en Samaria y hasta los lugares más lejanos de la tierra» (Hechos 1:8).

Jesús permaneció en la tierra por un poco más de tiempo y se apareció ante muchos —en una ocasión ante más de quinientas personas a la vez— confirmando así su resurrección (1 Corintios 15:6). La mayoría de los testigos todavía estaban vivos y dando testimonio de la resurrección dos o tres décadas más tarde.

Entonces, después de cuarenta días, Jesús llevó a sus discípulos fuera de Jerusalén, a Betania, donde levantó sus manos y los bendijo. Y luego sucedió algo extraordinario:

> Jesús fue levantado en una nube mientras ellos observaban, hasta que ya no pudieron verlo. Mientras se esforzaban por verlo ascender al cielo, dos hombres vestidos con túnicas blancas de repente se pusieron en medio de ellos. «Hombres de Galilea —les dijeron—, ¿por qué están aquí parados, mirando al cielo? Jesús fue tomado de entre ustedes y llevado al cielo, ¡pero un día volverá del cielo de la misma manera en que lo vieron irse!» HECHOS 1:9-11

Aunque estos discípulos no tenían ni idea de lo que estaba por suceder, la promesa del poder venidero los llenó de gozo y de expectación desbordantes. Se quedaron en Jerusalén, compartiendo el aposento alto de una residencia y reuniéndose en el templo para alabar a Dios por lo que habían visto.

+ + +

LA REALIDAD DE LA RESURRECCIÓN

Meses antes de morir, en el último libro que escribiría, el famoso astrónomo Carl Sagan expresó sus dudas sobre la realidad de la vida después de la muerte: «Me gustaría creer que cuando muera seguiré viviendo, que alguna parte de mí continuará pensando, sintiendo y recordando. Sin embargo, a pesar de lo mucho que quisiera creerlo. . . nada me indica que tal aseveración pueda ser algo más que un anhelo»[1]. En Job 14:14, otro hombre expresa una incertidumbre similar cuando hizo la pregunta: «¿Pueden los muertos volver a vivir?».

Esta pregunta, tan antigua como el tiempo, es la más crucial de cualquier generación, y proyecta una sombra inquietante sobre los que rechazan la resurrección de Cristo. En Hebreos 2:15 leemos acerca de «los que vivían esclavizados por temor a la muerte». Se dice que el filósofo y escéptico inglés Thomas Hobbes exclamó: «Si yo tuviera el mundo entero, lo daría por vivir un día [más]. . . Estoy a punto de dar un salto hacia la oscuridad». Sin alguna seguridad de la vida después de la muerte, la muerte es una propuesta aterradora.

La resurrección de Jesucristo resuelve la pregunta acerca de la vida después de la muerte de una vez por todas. Este evento saca al cristianismo del ámbito filosófico y lo convierte en un hecho histórico. Prueba que hay vida más allá de la muerte.

Negar la resurrección es quitar la piedra clave que sostiene el arco de la fe cristiana. Sin ella, el cristianismo es una pérdida de tiempo. John Stott explica, «El cristianismo es en esencia una religión de resurrección. El concepto de resurrección es el corazón del cristianismo. Si usted lo quita, el cristianismo se destruye»[2].

Es posible ser cristiano y no *comprender* la resurrección. Sin embargo, no es posible ser cristiano y *negar* la resurrección, porque sin la resurrección el cristianismo colapsa. Si lo único que tenemos es la muerte y la sepultura de Jesús, no tenemos nada más que el martirio de otro hombre bueno. La resurrección autentifica la promesa de la vida eterna.

A lo largo de los siglos, algunos críticos han pensado que el cristianismo es una broma. Creyendo ridícula la idea de la resurrección de entre los muertos, han tratado de destruir su credibilidad con la esperanza de aplastar la fe. Todos han fracasado.

Frank Morison era un periodista cuyo objetivo en la vida era destruir la historia de la resurrección. Su investigación de los registros bíblicos e históricos de la resurrección le dio un vuelco de 180 grados, porque encontró que la resurrección es uno de los hechos mejor atestiguados de toda la historia. Él siguió la evidencia y se convirtió en cristiano[3].

Mientras reflexionamos sobre la resurrección de Jesús, consideremos tres líneas de evidencia.

La evidencia de las predicciones

Uno de los más sorprendentes pero desestimados hechos de la resurrección es el número de veces que Jesús mismo la predijo (Mateo 16:21; 17:9, 22-23; 20:18-19; 26:32; Juan 2:19, 21). El hecho de que él la predijo y luego la llevó a cabo hace que se destaque como el milagro más fiable de todos los tiempos. Un hombre que va por ahí predicando su propia muerte y resurrección o es un tonto, o es Dios. Y el hecho creíble de la resurrección no deja ninguna duda en cuanto a cuál de esos era Jesús.

La evidencia del pasado

Tal vez la evidencia histórica más sólida de la resurrección son las múltiples apariciones del Cristo resucitado. La Escritura registra una docena de apariciones tanto ante hombres como mujeres, grupos e individuos. Estas apariciones ocurrieron en varios lugares y ante diferentes personas —en una casa y en una calle, ante los discípulos que estaban tristes y ante aquellos que estaban felices, en ocasiones momentáneas y en lapsos que abarcaron un período más largo de tiempo, en diferentes lugares y en diferentes momentos del día. La abundancia y la variedad de sus apariciones son algunas de las razones por las que los eruditos consideran que la resurrección es un hecho bien comprobado.

Las apariciones de Jesús después de la resurrección son fáciles de documentar. Él se le apareció a María Magdalena junto a la tumba y a otras mujeres que regresaban de la tumba. Se le apareció a Pedro más tarde ese mismo día y a dos discípulos en el camino a Emaús. Dos veces se le apareció a los apóstoles dentro de una habitación cerrada; una vez cuando Tomás estaba ausente y, más tarde, cuando estaba presente. Se le apareció a siete discípulos junto al mar de Galilea, a quinientos creyentes en una montaña de Galilea y de nuevo a los once apóstoles. También se le apareció a Santiago y más tarde se le aparecería a Saulo en el camino a Damasco, a Juan en la isla de Patmos y otra vez a Saulo (ahora llamado Pablo) en el templo.

Sus apariciones fueron documentadas por las personas que lo vieron, lo oyeron, lo tocaron, y lo vieron comer. Jesús quería asegurarse de que su resurrección fuera probada sin dejar duda alguna (Hechos 1:3).

¿Podrían todos esos testigos haber conspirado para mentir acerca de la resurrección? La respuesta es no, por dos razones. Primero, había demasiados testigos para que hubiera complicidad. Segundo, estos testigos estaban dispuestos a morir por la verdad de la resurrección, cosa que nunca harían si pensaran que era una mentira o un producto de la imaginación.

Piense en lo absurdo de esta pequeña banda de cobardes, habiéndose escapado y escondido en los momentos cuando Jesús los necesitaba, ¡siendo transformados de repente en una banda valiente de evangelistas que pusieron al mundo al revés! Cada uno de ellos, excepto Juan, partió al martirio por la causa de Cristo. Ninguna persona pensante creería que todo un grupo de gente inteligente iría a morir por aquello que sabían que era una mentira. ¡Se necesita más fe para creer que los apóstoles fabricaron la historia de la resurrección de la que se necesita para creer el relato bíblico!

Charles Colson, quien una vez sirvió como consejero especial del presidente Richard Nixon, escribió: «Mis experiencias personales en el escándalo Watergate me convencen de la prueba histórica de la resurrección». Él pasa a explicar que los asesores más cercanos del presidente Nixon conspiraron para mantener en secreto la ilegal penetración al edificio. Sin embargo, la conspiración fue descubierta tres semanas más tarde cuando el consejero legal de Nixon, John Dean, por temor a una pena de prisión, fue a los fiscales y se ofreció a testificar a cambio de inmunidad «para salvar su propio pellejo». Otros conspiradores siguieron su ejemplo, derrumbando así la presidencia de Nixon. Colson continúa:

> Piense en esto: los hombres más poderosos que rodeaban al presidente de los Estados Unidos no pudieron mantener una mentira por tres semanas. ¿Y pretende hacerme creer que los doce apóstoles —impotentes, perseguidos, exiliados, muchos martirizados, su líder Pedro crucificado cabeza abajo—, estos hombres comunes, dieron su vida por una mentira, sin siquiera susurrar una palabra contradictoria? Imposible. . . La gente morirá por algo que cree que es verdad; pero los hombres nunca morirán por algo que saben que es falso[4].

Es evidente que estos testigos del primer siglo no habían mentido.

La evidencia en el presente

No toda la evidencia de la resurrección de Cristo se encuentra en el pasado. Al menos cinco piezas de evidencia en nuestro mundo de hoy también testifican su historicidad[5].

1. LA FE CRISTIANA

La resurrección de Jesús es el eje de la fe cristiana. Esta doctrina de que Jesús resucitó de entre los muertos es lo que puso al mundo al revés y separó al cristianismo del judaísmo y de las religiones paganas del mundo mediterráneo. Si él no hubiera resucitado, no habría fe cristiana. Si la resurrección no fuera verdad, tampoco habría nada vital o único acerca del evangelio. Se ha dicho que si la resurrección de Jesucristo no es un hecho histórico, entonces nuestro deber es cavar una nueva fosa y enterrar no a un hombre, sino a toda la religión cristiana.

2. LA IGLESIA CRISTIANA

Si la crucifixión habría marcado el final de la experiencia de Cristo con sus discípulos, ¿cómo podría haber llegado a existir la iglesia cristiana? La iglesia está fundada en Jesús como el Mesías, y un Mesías muerto no es un Mesías en absoluto. Se requiere un Mesías resucitado para cumplir las profecías hechas acerca de él como el Hijo de Dios. La iglesia sobrevive y florece solo porque Jesús salió de la tumba, demostrando que hay vida después de la muerte.

Josh McDowell y Sean McDowell preguntan:

¿Cree usted por un momento que la iglesia naciente podría haber sobrevivido durante una semana en su entorno hostil si Jesucristo no hubiera resucitado de entre los muertos? La resurrección de aquel sobre quien se fundó la iglesia fue predicada a pocos minutos de camino de la tumba de José. Como resultado del primer sermón, en el que Pedro afirmó que Cristo había resucitado, tres mil personas creyeron (vea Hechos 2:41). Poco después, creyeron cinco mil más. ¿Podrían haber sucedido todas estas conversiones si Jesús no hubiera resucitado de entre los muertos?[6]

El teólogo Daniel Fuller escribe que «tratar de explicar [la iglesia] sin referencia a la resurrección es tan inútil como tratar de explicar la historia de Roma sin referirse a Julio César»[7].

3. EL DOMINGO CRISTIANO

El hecho de que asistimos a la iglesia el domingo es evidencia de la resurrección. El día original de adoración judía era el sábado, pero los cristianos comenzaron a reunirse el domingo por ser el día en que Jesús resucitó. Recuerde, la iglesia naciente estaba compuesta predominantemente de cristianos judíos. Para que ellos cambiaran el día de adoración del día de descanso original significó que había ocurrido algo estremecedor. Josh McDowell y Sean McDowell escriben:

> Los primeros cristianos eran judíos devotos que eran fanáticos en la observancia del día de descanso. Los judíos temían quebrantar el día de descanso, creyendo que provocarían la ira de Dios si violaban las leyes estrictas en cuanto a su observancia. Sin embargo, algo sucedió que hizo que estos hombres y mujeres judíos le dieran la espalda a todos sus años de formación y tradición religiosa.
>
> Cambiaron su día de adoración al domingo en honor al aniversario de la resurrección de Jesucristo. ¿Puede pensar en cualquier otro acontecimiento histórico que sea celebrado 52 veces al año? La explicación más racional para este fenómeno es que Jesús se apareció personalmente ante la gente después de su resurrección, convenciéndolos de la veracidad del hecho[8].

4. LAS ORDENANZAS CRISTIANAS

De acuerdo con el Nuevo Testamento, a la iglesia neotestamentaria local se le instruye celebrar dos ordenanzas: el bautismo y la cena del Señor. La ordenanza del bautismo ofrece una hermosa semblanza de la resurrección. Hundirse en el agua es un símbolo no simplemente de que nuestros pecados han sido lavados, sino también de que fuimos enterrados con Jesús y de que salimos como personas nuevas, levantados a la vida así como Cristo fue resucitado de entre los muertos.

La cena del Señor es un recuerdo de la muerte, pero Hechos 2 dice que debemos participar con alegría, ya que también predice la resurrección de Jesús. Sin la resurrección, no puede haber gozo.

El Dr. J. P. Moreland explica por qué la Cena del Señor es una evidencia de la resurrección:

> Lo extraño es que estos primeros seguidores de Jesús no se reunían para celebrar sus enseñanzas o lo maravilloso que él era. Se reunían en forma regular para tener una comida de celebración por un solo motivo: para recordar que Jesús había sido sacrificado masacrado públicamente en una forma humillante y grotesca.
>
> Considérelo en términos modernos. Si un grupo de personas ama a John F. Kennedy, quizás se reúna en forma regular para recordar su enfrentamiento con Rusia, su promoción de los derechos civiles o su personalidad carismática; pero, ¡no van a celebrar el hecho de que Lee Harvey Oswald lo asesinara![9]

5. LAS VIDAS CAMBIADAS

Antes de la resurrección, los discípulos de Jesús estaban marcados por la cobardía, la duda y el miedo. Cuando Jesús fue arrestado, «todos los discípulos lo abandonaron y huyeron» (Mateo 26:56). Pedro negó tres veces siquiera conocer a Jesús. Después de la crucifixión, los discípulos se escondieron en un aposento alto a puertas cerradas. Tomás incluso declaró: «No lo creeré a menos que vea las heridas de los clavos en sus manos, meta mis dedos en ellas y ponga mi mano dentro de la herida de su costado» (Juan 20:25).

Pero una vez que se convencieron de que Jesús estaba vivo, estos discípulos cobardes se transformaron en mensajeros valientes de Cristo. Viajaron por el mundo, poniéndolo al revés, y todos, excepto Juan, fueron martirizados por su fe. ¿Habrían estado dispuestos a dar su vida por Cristo si hubieran creído que la resurrección era un fraude?

El significado crucial de la resurrección

Como señalamos en el capítulo 1, la muerte de Jesús es de suma importancia para nosotros porque fue por su muerte que nos redimió del cautiverio de Satanás. Pero sin la resurrección, su muerte habría sido en vano. La resurrección completa lo que la crucifixión inició.

Para entender la conexión entre los dos acontecimientos, piense en la muerte como una prisión permanente de la que no había escapatoria. Esto, de hecho, es exactamente lo que era la muerte. Cuando el primer hombre y la primera mujer pecaron contra Dios, toda la vida humana quedó rendida a Satanás, quien está decidido a vernos junto a él en la miseria del infierno. Pero Jesús, sin tener pecado, se ofreció para tomar los pecados de la humanidad como si fueran los suyos propios y para morir la muerte de un pecador. Él entró en la prisión de la muerte en nuestro lugar.

Pero la muerte no pudo retener al Hijo de Dios. La resurrección demuestra que las puertas de hierro de la prisión de la muerte han sido destrozadas. Jesús irrumpió a través de ellas, volvió a entrar en su cuerpo humano, y se presentó vivo ante muchos testigos, demostrando que la muerte ya no tiene dominio sobre nuestra raza caída. Ha sido derrotada.

La Buena Noticia es que al unir nuestras vidas a Jesús, seremos resucitados, así como él. Si lo aceptamos como el gobernante de nuestra vida, podemos ser resucitados a la vida nueva y perfecta planificada por Dios para toda la creación desde el principio. La resurrección nos da nuestra única esperanza de vida eterna, una declaración que ninguna otra religión del mundo puede respaldar con evidencias.

El cuerpo de Moisés descansa en un sepulcro en algún lugar. El cuerpo de Mahoma se encuentra en una tumba. Los restos de Lenin se encuentran en un ataúd cubierto de cristal en Moscú. Sobre su ataúd están estas palabras: «Él era el líder más grande de todos los pueblos, de todos los países, de todos los tiempos. Era el señor de la nueva humanidad. Era el salvador del mundo». Pero el 21 de enero de 1924, dio su último respiro, y nadie ha escuchado de él desde entonces. Está muerto, como cualquier otro ser humano que haya existido alguna vez. Si Lenin es en verdad el salvador del mundo, entonces no hay esperanza. De todas las grandes religiones del mundo, solo el cristianismo está fundamentado en la resurrección de su líder. Solo Jesucristo conquistó a la muerte, y como resultado, él puede ofrecernos la vida eterna.

Usted puede comenzar a vivir esta vida nueva en el momento en que se entrega a sí mismo a Cristo. Usted entierra su antigua vida al participar en su muerte y reclama una nueva vida al participar en su resurrección. Como lo explica el apóstol Pablo, «hemos muerto y fuimos sepultados con Cristo mediante el bautismo; y tal como Cristo fue levantado de los muertos por el poder glorioso del Padre, ahora nosotros también podemos vivir una vida nueva» (Romanos 6:4). Esta vida de resurrección puede comenzar aquí mismo y ahora. Es un don gratuito, a disposición de cualquiera que lo desee.

CAPÍTULO 3

VIENTO Y FUEGO

✝ ✝ ✝

El nacimiento espectacular
de la iglesia cristiana

Hechos 1–2

Los RUMORES VOLABAN por toda Jerusalén como hojas impulsadas por el viento. Las personas estaban proclamando que Jesús, el rabino judío que había sido ejecutado en la Pascua, había vuelto a la vida y se estaba apareciendo a sus seguidores.

El sumo sacerdote, Caifás, estaba frustrado a más no poder. ¿Nunca morirían estos rumores? Habían transcurrido más de cuarenta días desde que él y el resto del Concilio Supremo habían manipulado al gobernador Pilato para que clavara en una cruz romana a este alborotador. La amenaza que Jesús había representado para el control que ellos tenían sobre los judíos debería haber muerto con él. Pero después de que su cuerpo enterrado había desaparecido, cientos de personas en toda Judea y Galilea afirmaron haberlo visto con vida, y los rumores no se detenían. Las autoridades sabían que la única manera de conseguir que la gente se tranquilizara en cuanto a Jesús era recuperar su cuerpo y hacerlo desfilar por toda Jerusalén. Pero aquel cuerpo no se encontraba por ningún lado.

Mientras tanto, los discípulos de Jesús sabían que sus vidas estaban en peligro. Si las autoridades judías no podían encontrar un cuerpo, su próximo paso sería silenciar a los seguidores de Jesús. Y como lo indicó su tratamiento despiadado a Jesús, ellos utilizarían los medios que fueran necesarios para hacerlo. Poco después de la resurrección, los discípulos habían huido a Galilea por razones de seguridad. Pero el Jesús resucitado se había reunido allí con ellos y les había dicho que regresaran a Jerusalén, pues ellos serían bautizados «en unos cuantos días» (Hechos 1:5). Les dijo que esperaran allí hasta que su poder viniera sobre ellos. Entendieron poco de lo que les dijo, sin embargo obedecieron y regresaron a Jerusalén. Sabiendo que el peligro acechaba allí, se mantuvieron juntos para protegerse y permanecieron escondidos.

El Jesús resucitado permaneció en la tierra por cuarenta días, y luego ascendió al cielo diez días antes de la celebración judía de Pentecostés. Siendo una de las festividades más sagradas de Israel, Pentecostés atrajo a Jerusalén a judíos y conversos judíos de todo el mundo. Partos, medos, mesopotámicos, capadocios, asiáticos, frigios, panfilios, cretenses, romanos, árabes y viajeros procedentes de muchas otras naciones se reunieron en Jerusalén para celebrar.

Caifás y Pilato sabían que tal colección de grupos de personas podría ser volátil, especialmente con la incertidumbre que aún persistía acerca de Jesús. La agitación que había plagado a las autoridades romanas durante la Pascua podría irrumpir de nuevo muy fácilmente.

Esperando en Jerusalén

Los discípulos de Jesús se mantuvieron reunidos para así esperar como Jesús les había instruido. Ocuparon una habitación grande en un piso superior, probablemente en la casa de un discípulo adinerado, que acomodaba alrededor de ciento veinte personas, incluyendo a los once apóstoles restantes y a María, la madre de Jesús.

Esperar era difícil para estos discípulos, especialmente para Pedro, quien siempre prefería actuar antes que esperar. Sin embargo, ya no estaban tan abatidos, inconsolables y desalentados como justo después de la crucifixión. La resurrección de Jesús y su promesa del poder venidero los había revitalizado.

¿Qué era este poder? Mientras esperaban más instrucciones, sin duda se hicieron esta pregunta una y otra vez. Pero ninguno sabía la respuesta. Como lo indica su reacción inicial a la promesa de Jesús, aún pensaban que él estaba planificando expulsar a los romanos y establecer la independencia judía (Hechos 1:6). Seguramente este poder venidero sería un fenómeno que les permitiría lograr tal hazaña.

¿Sería el poder algún tipo de fuerza militar? ¿Sería sobrenatural? Dios había luchado por Israel a través de la intervención divina en el pasado. Cuando el faraón egipcio se negó a liberar a la esclavizada nación de Israel, Dios aplastó a Egipto con diez plagas devastadoras (Éxodo 1–12). En otra ocasión, le confirió fuerza física sobrehumana al juez israelita Sansón, que le permitió matar por sí solo a mil filisteos (Jueces 15:14-16). Dios también guió a Gedeón, héroe de Israel, a derrotar a un masivo ejército madianita de muchos miles con solo trescientos hombres (Jueces 7:1-25).

Dios había realizado tales maravillas antes, y podía hacerlo de nuevo. No importaba que fueran pocos en número o que les faltara adiestramiento. Sin importar lo que viniera, los discípulos estaban listos. Pero hay que reconocer que ellos no se apresuraron a conclusiones o acciones impulsivas. En cambio, «se reunían y estaban constantemente unidos en oración» (Hechos 1:14).

A pesar de que estaban ansiosos por participar en el avance del reino del que Jesús había hablado, no estaban dispuestos a sobrepasar el liderazgo de su maestro. Como buenos soldados, obedecerían. Es probable que sus oraciones fueran algo como esto: «Señor, prepáranos para llevar a cabo tu voluntad para que cuando llegue tu poder, estemos listos para salir y hacer lo que tú desees».

EL FESTIVAL DE PENTECOSTÉS

La palabra *Pentecostés* es el nombre griego para el festival judío de *Shavuot*. El Pentecostés celebraba dos eventos que coincidían, uno antiguo y otro vigente. El primero marcaba el momento en que Moisés recibió los diez mandamientos en el monte Sinaí, lo que había ocurrido siete semanas después de la primera Pascua en Egipto. El segundo evento era la culminación del Festival de las Semanas. Este festival deriva su nombre de las siete semanas, que comenzaban en la Pascua, en que se segaba el trigo y la cebada. El día siguiente de esta cosecha de siete semanas estaba designado como un tiempo de celebración y de agradecimiento a Dios, que los judíos expresaban al llevar al templo una ofrenda de los primeros productos de sus cosechas. Por cuanto ese era el quincuagésimo día después de la Pascua fue llamado Pentecostés, que significa «cincuenta días».

Pedro, siempre resuelto a actuar, encontró una tarea para mantener ocupados a los discípulos mientras esperaban. Recordó al grupo que Jesús había elegido originalmente a doce hombres para ser sus apóstoles, un círculo selecto e íntimo de discípulos. Ahora que uno de estos hombres, Judas, se había convertido en un traidor y había acabado con su propia vida, era hora de elegir un reemplazo.

El grupo nominó a dos hombres, José Barsabás y Matías, como los candidatos más calificados para cubrir la vacante. Antes de seguir adelante con la elección final, oraron, «Oh, Señor, tú conoces cada corazón. Muéstranos a cuál de estos hombres has elegido como apóstol para que tome el lugar de Judas en este ministerio, porque él nos ha abandonado y se ha ido al lugar que le corresponde» (Hechos 1:24-25). Entonces, utilizando un método antiguo empleado a menudo para discernir la voluntad de Dios, «echaron suertes, y Matías fue elegido para ser apóstol con los otros once» (Hechos 1:26). Con el número de apóstoles nuevamente completo, el grupo continuó su espera.

La llegada del Espíritu Santo

En la mañana de Pentecostés, los ciento veinte discípulos, incluyendo a los doce apóstoles, estaban en el aposento alto, esperando todavía. Entonces sucedió. Un rugido ensordecedor, como el sonido de un viento recio, los sobresaltó. Este llenó toda la casa y sorprendió a la multitud de personas que se dirigían al templo para celebrar Pentecostés. Luego brillantes rayos de luz semejantes a lenguas de fuego resplandecieron por encima de cada uno de los discípulos mientras el Espíritu Santo entró en ellos.

Su espera había terminado. El poder que Jesús les había prometido finalmente había llegado.

Su temor se desvaneció, y estos ardientes discípulos salieron corriendo a la calle y se pusieron delante del atónito grupo de espectadores que se había reunido. Empezaron a hablar y descubrieron que hablaban con fluidez en idiomas extranjeros que nunca habían

LOS APÓSTOLES

Los apóstoles fueron los doce hombres que escogió Jesús como sus alumnos y compañeros más cercanos. Él los entrenó para difundir el evangelio y guiar a la iglesia después de su ascensión. Cada apóstol tenía que cumplir ciertas condiciones: 1) tenía que haber sido un testigo ocular de todo el ministerio de Jesús (Hechos 1:21), 2) tenía que haberse encontrado con Jesús resucitado (Hechos 1:22) y 3) debía ser seleccionado por Dios mismo (Hechos 1:24).

estudiado. Todos en la multitud escucharon a los discípulos hablar en su propia lengua.

Nadie sabía cómo entender este evento asombroso. Algunas personas se dieron cuenta de que un milagro estaba ocurriendo. Ellos sabían que estos simples obreros galileos no estaban capacitados para hablar algún idioma que no fuera el suyo, y mucho menos la gran variedad de idiomas representada en esta masa de gente. La Escritura dice: «Quedaron allí, maravillados y perplejos. "¿Qué querrá decir esto?", se preguntaban unos a otros» (Hechos 2:12).

Sin embargo, otros no fueron tan abiertos a esta obra de Dios y se burlaron de los discípulos. «¡Solo están borrachos, eso es todo!» gritaron, aparentemente ignorando el hecho de que estar borracho no capacita para hablar con fluidez en una lengua desconocida (Hechos 2:13).

El audaz apóstol Pedro dio un paso adelante y se dirigió a la multitud, diciendo que ellos no habían estado bebiendo y recordándole a la multitud que solo eran las nueve de la mañana (Hechos 2:15). En los días festivos, a los judíos no se les permitía romper el ayuno hasta la hora cuarta, es decir, las diez en punto. Pedro estaba haciendo la aseveración de que los discípulos no podían estar borrachos porque para un judío era demasiado temprano para comer o beber en ese día sagrado.

El sermón que dio nacimiento a la iglesia

Ahora que los discípulos tenían la atención de la multitud, Pedro comenzó a predicar lo que fue sin duda el más poderoso sermón que se hubiera escuchado desde que Jesús predicó el Sermón del monte. Al comenzar se dirigió al asombro de la gente diciéndoles que el milagro que estaban presenciando había sido profetizado en el libro de Joel: «derramaré mi Espíritu sobre toda la gente. Sus hijos e hijas profetizarán. Sus ancianos tendrán sueños y sus jóvenes tendrán visiones. En esos días derramaré mi Espíritu aun sobre los sirvientes, hombres y mujeres por igual. [. . .] Todo el que invoque el nombre del Señor será salvo» (Joel 2:28-29, 32). La gente en la audiencia de Pedro, siendo judíos observantes, habrían reconocido esta profecía y visto su conexión con el evento que estaban presenciando.

Una vez que Pedro dio el contexto para lo que el pueblo acababa de presenciar, se metió de lleno en el meollo de su sermón. Proclamó que a través de milagros, señales y prodigios, Dios había dejado en claro para los judíos que Jesús era el Mesías de Israel. Entonces hizo algo que pocos predicadores en nuestros días se atreverían a hacer. Confrontó a su audiencia con una grave acusación: «Con la ayuda de gentiles sin ley, ustedes lo clavaron en la cruz y lo mataron» (Hechos 2:23). Esta no es la manera en que un texto enseñaría a un predicador a ganarse al público. Pero su audaz acto llamó la atención de ellos. Estos judíos sabían de qué estaba hablando Pedro. Cada persona que estaba allí había oído la historia de la crucifixión de Jesús y los rumores de su resurrección muchas veces desde su llegada a Jerusalén.

Pedro continuó, diciendo que la resurrección no era un simple rumor. Citó y explicó un salmo de David que profetizó que el alma

HABLANDO EN LENGUAS

Cuando el Espíritu Santo descendió en Pentecostés, los discípulos «comenzaron a hablar en diferentes lenguas» (Hechos 2:4, NVI). Fue habla humana en idiomas reconocibles. Sabemos que esto es innegable porque todos estaban sorprendidos al «escuchar sus propios idiomas hablados por los creyentes» (Hechos 2:6). No quiere decir que los discípulos hablaban en su lengua materna y el Espíritu Santo lo traducía a la lengua de cada oyente. El milagro no sucedió en los oyentes; se originó en los portavoces.

de Jesús no permanecería entre los muertos, ni sería abandonado su cuerpo en la tumba (Salmo 16:10). Dios levantaría a Jesús y lo llevaría al cielo para que se sentara a la diestra del Padre, y los enemigos de Jesús se convertirían en su reposapiés (Hechos 2:35).

Lejos de hacer que la multitud se irritara y estallara en cólera defensiva, las palabras de Pedro «traspasaron el corazón de ellos» (Hechos 2:37). Pedro había pintado un cuadro bastante sombrío de su parte en este drama. Dios había enviado al Mesías que habían esperado por siglos, y ellos lo habían matado. Ahora él ejercía todo el poder del cielo y estaba listo para aplastar a sus enemigos bajo sus pies. Eso implicaba a cada una de las personas que escuchaba a los discípulos en ese momento.

Algunas almas angustiadas entre el público gritaron: «Hermanos, ¿qué debemos hacer?» (Hechos 2:37).

Pedro respondió, «Cada uno de ustedes debe arrepentirse de sus pecados y volver a Dios, y ser bautizado en el nombre de Jesucristo para el perdón de sus pecados. Entonces recibirán el regalo del Espíritu Santo» (Hechos 2:38).

Cerca de tres mil personas respondieron al llamado y fueron bautizadas ese día. Rara vez, y quizás nunca, ha sido tan eficaz un sermón, y sus efectos se extendieron exponencialmente. Cada persona que recibió este mensaje fue llena del Espíritu Santo. Entonces, extendiéndose como un fuego incontrolable, estas personas regresaron a sus hogares en todas las naciones y pasaron la llama a otros, que a su vez se la pasaron a otros más. Fue un inicio espectacular de la labor encomendada por Jesús a sus discípulos justo antes de su ascensión: «Vayan y hagan discípulos de todas las naciones, bautizándolos en el nombre del Padre y del Hijo y del Espíritu Santo» (Mateo 28:19).

Los discípulos ya no estaban confundidos acerca de su misión. Ahora se dieron cuenta de que habían estado enceguecidos en cuanto a la clase de reino que Jesús estaba estableciendo. La misión de Jesús no era simplemente salvar a Israel de los romanos; era salvar al mundo de Satanás. Él no era simplemente el Mesías para los judíos; era el Mesías para la gente de todas las naciones alrededor del globo. Era el legítimo Rey no solo de los judíos sino de todo el mundo, que desde los tiempos de Adán y Eva había sido «territorio ocupado por el enemigo»[1]. La tarea de estos discípulos era guiar a la gente a que saliera de estar bajo la tiranía de un usurpador demoníaco y reunirlos en torno a la bandera de un movimiento de resistencia liderado por Jesucristo, su verdadero Rey.

El poder que Jesús había prometido era infinitamente mejor que cualquier cosa que ellos pudieran haber esperado. Los llenó con más alegría, amor y valentía de lo que ellos hubieran imaginado posible.

✝ ✝ ✝

El nuevo comienzo

El libro del Nuevo Testamento conocido como Hechos es una abreviatura del título completo: Los Hechos de los Apóstoles. Relata el comienzo de la iglesia cristiana, punto de partida en un nuevo comienzo para toda la humanidad. Es también la historia del Espíritu Santo, quien es el poder detrás de este nuevo comienzo. Hechos es

¿QUÉ SIGNIFICA LA PALABRA *CRISTO*?

La palabra *Cristo* viene de una palabra griega que significa «salvador, libertador o ungido». El término *Jesucristo* no está formado por una combinación de primer nombre y apellido de Jesús, como podría parecer. En cambio, es un título que significa «Jesús, el Ungido» o «Jesús, el Libertador». Este título es aplicable exclusivamente a Jesús, el Hijo de Dios, indicando su papel como Salvador del mundo y Rey ungido.

uno de los libros más apasionantes de la Biblia, lleno de aventura, heroísmo, peligro, escapes y muertes trágicas. Pero el nacimiento de la iglesia no es solo un evento histórico; también tiene implicaciones para nosotros miles de años más tarde.

El Espíritu Santo

Sin el Espíritu Santo, no habría cristianismo ni iglesia cristiana. Sin embargo, mucha gente piensa en el Espíritu Santo como un fantasma o un personaje imaginario. Asumen que como no se puede ver ni tocar, ni siquiera existe. Para entender quién es en realidad el Espíritu Santo, y lo que hace, debemos explorar su naturaleza.

EL ESPÍRITU SANTO ES UNA PERSONA

El Espíritu Santo no es una fuerza impersonal sino una persona. Los psicólogos nos dicen que los atributos de la personalidad son tres: una persona debe tener intelecto, emociones y voluntad. No es de extrañar, entonces, que el Espíritu Santo posea cada uno de estos atributos.

Él posee intelecto: conoce los pensamientos y el corazón de Dios. «Nadie puede conocer los pensamientos de una persona excepto el propio espíritu de esa persona y nadie puede conocer los pensamientos de Dios excepto el propio Espíritu de Dios» (1 Corintios 2:11). El Espíritu Santo también posee emociones. Nuestras acciones pueden entristecerlo (Efesios 4:30). El apóstol Pablo escribió: «Les pido encarecidamente en el nombre de nuestro Señor Jesucristo que se unan a mi lucha orando a Dios por mí. Háganlo por el amor que me tienen, ese amor que el Espíritu Santo les ha dado» (Romanos 15:30). El Espíritu Santo ama y conoce la tristeza; por lo tanto, tiene emociones.

Por último, el Espíritu Santo posee voluntad. Considere 1 Corintios 12:11: «Es el mismo y único Espíritu quien distribuye todos esos dones. Solamente él decide qué don cada uno debe tener». En otras palabras, tiene deseos particulares y decide actuar de ciertas maneras.

EL ESPÍRITU SANTO ES DIOS

Aunque el Espíritu Santo es un miembro de igual nivel en la Trinidad, muchas personas no ven al Espíritu Santo como Dios. Consideran que es casi Dios, pero no completamente. En la Biblia, sin embargo, no hay ambigüedad. Aquí hay cuatro formas clave en que la Escritura muestra claramente que el Espíritu Santo es Dios.

En primer lugar, el Espíritu Santo es llamado Dios en la Biblia. Una cita del libro de los Hechos ilustra claramente su deidad. Ananías y su esposa les habían mentido a los apóstoles sobre el dinero que estaban dando a la iglesia. Pedro dijo: «Ananías, ¿por qué has permitido que Satanás llenara tu corazón? Le mentiste al Espíritu Santo y te quedaste con una parte del dinero. [. . .] ¡No nos mentiste a nosotros sino a Dios!» (Hechos 5:3-4). Pedro usó «al Espíritu Santo» al principio de la declaración y «Dios» al final. Esta verdad es expresada claramente en 2 Corintios 3:17: «el Señor es el Espíritu».

En segundo lugar, el Espíritu Santo se asocia con Dios en la Biblia. En Mateo 28:19, Jesús les dice a sus discípulos: «vayan y hagan discípulos de todas las naciones, bautizándolos en el nombre del Padre y del Hijo y del Espíritu Santo». El Espíritu Santo está conectado estrechamente con el Padre y el Hijo en esta bendición: «Que la gracia del Señor Jesucristo, el amor de Dios y la comunión del Espíritu Santo sean con todos ustedes» (2 Corintios 13:14).

En tercer lugar, el Espíritu Santo lleva a cabo las acciones de Dios. Todo lo que Dios hace, lo hace también el Espíritu Santo. Dios crea y da vida; el Espíritu Santo crea y da vida (Génesis 1:1-2; Juan 3:5-7; Romanos 8:11). Dios hace milagros; el Espíritu Santo hace milagros (Mateo 12:28; 1 Corintios 12:9). Todo lo que solo Dios puede hacer, el Espíritu Santo lo hace.

Finalmente, el Espíritu Santo tiene todos los atributos de Dios. Él es omnipotente. Es omnisciente. Es omnipresente. Es santo. Es sabio. Todo lo que decimos acerca de Dios, podemos decirlo acerca del Espíritu Santo (Salmo 139:7-8; 1 Corintios 2:10-11; 1 Pedro 3:18).

La iglesia fortalecida por el Espíritu

Cuando el Espíritu Santo de Dios descendió en Pentecostés y entró en los discípulos, ellos continuaron la obra de Jesucristo como portadores de la vida de Dios en la tierra. Este evento marcó un nuevo comienzo para la humanidad. En ese día, Dios comenzó a restaurar a los seres humanos al propósito original para el que los había creado.

Estos primeros creyentes «se dedicaban a las enseñanzas de los apóstoles, a la comunión fraternal, a participar juntos en las comidas (entre ellas la Cena del Señor), y a la oración» (Hechos 2:42). Con estas acciones demostraron lo que significa ser una iglesia, unidos en un propósito por un solo Espíritu para funcionar como el cuerpo de Cristo (1 Corintios 12:12-27).

LA DOCTRINA DE LOS APÓSTOLES

El teólogo James Montgomery Boice hace una observación interesante acerca de la prioridad de la enseñanza en la iglesia naciente:

> Había un montón de. . . cosas que Lucas podría haber
> dicho al respecto. Mientras avanzamos, nos damos cuenta
> que era una iglesia gozosa, y también una iglesia creciente
> y vibrante. Estos son elementos importantes. Sin embargo,
> de lo primero que habla Lucas es de la enseñanza. Recalca
> que en estos primeros días, a pesar de una experiencia
> tan grande como la de Pentecostés, la cual podría
> haber causado que se enfocaran en sus experiencias,
> los discípulos se dedicaron primero a la enseñanza[2].

Es importante también observar lo que estaba estudiando la iglesia naciente: la doctrina de los apóstoles. Los apóstoles eran quienes habían sido testigos de la vida de Cristo. Ellos habían observado de primera mano su ministerio, su muerte, su resurrección y su ascensión, y eran sus palabras las que se enseñaban en la iglesia naciente.

Esas son las verdades que continúan siendo la enseñanza medular para los creyentes hasta el día de hoy. Es emocionante saber que la doctrina que se enseñó a los primeros creyentes después de Pentecostés ahora está disponible para nosotros en el Nuevo Testamento.

LA COMUNIDAD Y EL COMPARTIR DE ALIMENTOS

El aislamiento, la soledad y las relaciones quebrantadas son algunas de las características que definen la cultura occidental contemporánea. Las tasas de divorcio han aumentado hasta alrededor del cincuenta por ciento. Más de una cuarta parte de los niños estadounidenses son criados por padres solteros, y un número incalculable de niños sufren a manos de padres abusivos o negligentes. La Internet y los medios sociales ofrecen herramientas para la construcción de relaciones, pero la gente está más ávida que nunca de amistades significativas, auténticas, y que den vida.

La iglesia, el cuerpo de Cristo, ofrece el antídoto para este mal. Ofrece soluciones a los problemas de soledad, relaciones quebrantadas, aislamiento, y la sensación de vacío. La iglesia naciente era conocida por tomar su misión de comunidad muy en serio. Estos son algunos de los sellos distintivos de compañerismo en la iglesia naciente.

La iglesia abría su corazón

En el Nuevo Testamento, la palabra para comunión es *koinonía*. Puede traducirse como «colaboración» o «el compartir», y tiene la implicación de tener cosas en común. La vida cristiana no es para vivirla de manera aislada, sino con otros creyentes y con Dios. «Les anunciamos lo que nosotros mismos hemos visto y oído, para que ustedes tengan comunión con nosotros; y nuestra comunión es con el Padre y con su Hijo, Jesucristo» (1 Juan 1:3).

La iglesia empoderada por el Espíritu es un lugar donde podemos experimentar la aceptación radical que vemos en el evangelio, compartiendo lo mejor y lo peor de nosotros mismos con los demás. El apóstol Pablo escribe: «Acéptense unos a otros, tal como Cristo los aceptó a ustedes» (Romanos 15:7). El pastor R. Kent Hughes explica el significado de este versículo:

> ¿Cómo nos aceptó Cristo a usted y a mí? Nos aceptó con nuestros muchos pecados, prejuicios e innumerables puntos ciegos. Nos recibió con nuestras limitaciones psicológicas e ingenuidad cultural. Nos recibió con nuestros regionalismos. Incluso nos aceptó con nuestra terquedad. Así es como debemos aceptarnos el uno al otro[3].

Los primeros cristianos se acogieron unos a otros en sus corazones. Hoy, veinte siglos después, se espera que la iglesia sea un modelo del mismo tipo de amor mutuo y compañerismo. Las iglesias auténticas ofrecen una comunidad fundamentada en el amor, el apoyo y la aceptación.

La iglesia abrió sus manos

En la iglesia naciente, «todos los creyentes se reunían en un mismo lugar y compartían todo lo que tenían. Vendían sus propiedades y posesiones y compartían el dinero con aquellos en necesidad» (Hechos 2:44-45). La iglesia naciente experimentó una severa persecución que dejó a sus miembros desplazados y desamparados. Formaron una comunidad muy unida para cuidar el uno del otro, compartiendo su comida, su ropa y su dinero para cubrir las necesidades de las personas.

A través de los años, algunas personas han señalado este pasaje para afirmar que la iglesia naciente practicaba el comunismo o el socialismo, pero ese no fue el caso. El comunismo es una participación obligatoria de los bienes porque se piensa que nadie tiene el derecho de poseer algo. El socialismo reconoce el derecho de la propiedad privada, pero requiere que los individuos den a otros un cierto porcentaje de lo que ganan con el fin de reducir la brecha entre las clases socioeconómicas.

La iglesia naciente, sin embargo, compartió sus bienes porque eran generosos y estaban comprometidos los unos con los otros. La Escritura no dice que la iglesia entera vendió todo lo que poseía y dio todo para el bienestar de la comunidad. Simplemente dice que las personas vendían voluntariamente sus posesiones a medida que se presentaban necesidades financieras y que daban lo recaudado a aquellos en necesidad.

Hoy en día, casi todas las iglesias se encargan de satisfacer las necesidades de los miembros que carecen de alimentos, refugio, ayuda o ropa. Algunas iglesias tienen bancos de alimentos o centros que ofrecen muebles y ropa. La iglesia auténtica es una comunidad solidaria y generosa.

La iglesia abrió sus hogares

Los primeros cristianos eran hospitalarios y se invitaban unos a otros a sus casas. Ellos «se reunían en casas [. . .] y compartían sus comidas con gran gozo y generosidad» (Hechos 2:46). La hospitalidad es un tema frecuente en el Nuevo Testamento. Por ejemplo, en Romanos 12:13 se nos dice que todos los cristianos deben mostrar hospitalidad. Tito 1:8 dice que la hospitalidad es un requisito para cualquier persona que desee servir como anciano. Y Hebreos 13:2 nos enseña a hospedar a desconocidos, porque al hacerlo podríamos estar hospedando ángeles sin saberlo. Max Lucado escribe:

> Mucho antes de que la iglesia tuviera púlpitos y bautisterios, tenía cocinas y mesas de comedor. [. . .] Incluso una lectura superficial del Nuevo Testamento revela la casa como la herramienta principal de la iglesia. [. . .] El principal lugar de reunión de la iglesia era el hogar.

Algo santo ocurre alrededor de una mesa de comedor que nunca sucederá en un santuario. En un auditorio de iglesia usted ve la parte posterior de las cabezas. Alrededor de la mesa se ven las expresiones en los rostros. En el auditorio una persona habla; alrededor de la mesa cada uno tiene voz. Los cultos en la iglesia están sujetos al reloj. Alrededor de la mesa hay tiempo para conversar.

La hospitalidad abre las puertas a una comunidad inusual. No es casualidad que *hospitalidad* y *hospital* provengan de la misma palabra latina, pues ambas conducen al mismo resultado: sanidad. Cuando usted le abre la puerta a alguien, está enviando este mensaje: «Eres importante para mí y para Dios». Usted puede pensar que está diciendo: «Ven a visitarme». Pero lo que su huésped escucha es: «Yo valgo el esfuerzo»[4].

Uno de los recuerdos más preciados de mi infancia como hijo de un pastor es el desfile constante de gente que Dios traía a nuestra casa. Recuerdo las frecuentes veces que llegaba de la escuela a casa y escuchaba a mi madre decir: «David, no dormirás en tu cama esta noche. Tenemos invitados. Te toca dormir en el sofá».

No puedo recordar haber estado triste alguna vez por eso, porque los huéspedes que venían eran siempre gente interesante. Disfruté el escuchar sus historias de vida, y causaron un profundo impacto en mí.

En la mayoría de las iglesias hoy, los miembros se reúnen regularmente en la casa de uno u otro, ya sea en pequeños grupos o en reuniones informales. Estas reuniones ofrecen una comunión íntima que puede incluir el estudio de la Biblia, el compartir victorias y fracasos, el apoyarse y el animarse unos a otros, y el compartir alimentos juntos. Estos grupos no solo proporcionan conexiones sociales satisfactorias, sino que también ofrecen una conexión profunda con otras personas que comparten un vínculo espiritual común. La iglesia ofrece familia, una comunidad solidaria donde la gente puede encontrar amor y pertenencia.

ORACIÓN

Por último, la primera iglesia cristiana se dedicó a la oración. Esta no es tanto una referencia a las oraciones privadas sino a las oraciones públicas que se hacían cuando se reunían los creyentes.

El teólogo J. C. Macaulay describe cómo pudieron haber sido estos momentos de oración: «Las oraciones eran un ejercicio cuidadosamente guardado para la asamblea, cuando ellos consciente y sinceramente alababan a Dios, adorando su majestuoso ser, confesando sus pecados, rogando por su gracia y dándole gracias de corazón por la multitud de sus misericordias»[5].

Este nuevo grupo de creyentes oraba toda clase de oraciones. Ofrecían oraciones de alabanza, de gratitud, de petición y de confesión; hacían oraciones improvisadas así como oraciones formales memorizadas que venían de su trasfondo judío. Estas últimas oraciones fueron ofrecidas con un significado y contexto totalmente nuevo al incorporar verdades del Antiguo Testamento a una comprensión de la muerte y la resurrección de Cristo basada en el Nuevo Testamento.

El pastor inglés John Stott resume las características de la iglesia naciente con estas palabras acerca de la prioridad de las relaciones:

Repasando las señales evidenciadas por la primera comunidad llena del Espíritu Santo, es evidente que todas tienen que ver con las relaciones de la iglesia. Primero, estaban relacionados con los apóstoles (en sumisión). Estaban ansiosos por recibir la instrucción de los apóstoles. Una iglesia llena del Espíritu es una iglesia apostólica, una iglesia del Nuevo Testamento, ansiosa de creer y obedecer lo que Jesús y sus apóstoles enseñaron.

Segundo, se relacionaban unos con otros (en amor). Perseveraron en la comunión, apoyándose unos a otros y aliviando las necesidades de los pobres. Una iglesia llena del Espíritu es una iglesia amorosa, preocupada, generosa.

Tercero, se relacionaban con Dios (en adoración). Lo adoraban en el templo y en el hogar, en la Cena del Señor y en las oraciones, con alegría y reverencia. Una iglesia llena del Espíritu es una iglesia que adora.

Cuarto, estaban relacionados con el mundo (saliendo a compartir la Buena Noticia). Ellos estaban dedicados a la evangelización continua. Ninguna iglesia egocéntrica y encerrada en sí misma (absorta en sus propios asuntos parroquiales) puede afirmar estar llena del Espíritu. El Espíritu Santo es un Espíritu misionero. Así que una iglesia llena del Espíritu es una iglesia misionera[6].

El crecimiento de la iglesia

Las vidas y las oraciones de la iglesia naciente eran tan poderosas que cada persona que las observó experimentó una sensación de asombro. No era asombro por los edificios, los presupuestos o los programas, sino temor por el Dios todopoderoso y su evidente presencia dentro de la comunidad.

La iglesia creció y disfrutó la buena voluntad de todas las personas dentro y fuera de la iglesia. Su amor del uno por el otro era un testimonio incluso para aquellos que no estaban de acuerdo con lo que ellos predicaban. La iglesia creció no solo en profundidad, sino también en amplitud: «Cada día el Señor agregaba a esa comunidad cristiana los que iban siendo salvos» (Hechos 2:47). En el libro de Hechos se nos dan los siguientes números y términos descriptivos sobre el crecimiento de la iglesia (énfasis añadido).

- «Aproximadamente *ciento veinte creyentes* estaban juntos en un mismo lugar» (Hechos 1:15).
- «Los que creyeron lo que Pedro dijo fueron bautizados y sumados a la iglesia en ese mismo día, como *tres mil* en total» (Hechos 2:41).
- «El número de creyentes ascendió a un total aproximado de *cinco mil* hombres, sin contar a las mujeres y a los niños» (Hechos 4:4).
- «*Más personas —multitudes* de hombres y mujeres— creían» (Hechos 5:14).
- «El número de creyentes *aumentó en gran manera*» (Hechos 6:7).
- «*Muchos* creyeron» (Hechos 9:42).
- «*Un gran número* [. . .] se hicieron creyentes» (Hechos 11:21; 14:1).
- «*Muchos* judíos creyeron, como también lo hicieron *muchos* griegos prominentes, tanto hombres como mujeres» (Hechos 17:12).
- «Pablo ha convencido a *mucha* gente al decirles que los dioses hechos a mano no son realmente dioses; y no solo lo ha hecho en Éfeso, ¡sino *por toda la provincia*!» (Hechos 19:26).
- «*Cuántos miles* [. . .] han creído» (Hechos 21:20).

Un lugar al cual pertenecer

En *Jane Eyre*, la novela clásica de Charlotte Brontë, la heroína, Jane, ha sufrido un rechazo tras otro a lo largo de su corta vida. Quedó huérfana cuando era bebé, fue abusada por su familia adoptiva y enviada a un internado donde sufrió más abusos y privaciones. Después de su graduación, se convierte en una institutriz y se enamora de su jefe, a quien eventualmente abandona cuando descubre que él la ha engañado. Sin un centavo y sin amigos, deambula, muerta de hambre, hasta una comunidad pobre donde se gana la vida como maestra de escuela.

Un día Jane recibe una carta. Un tío rico, que ella ni siquiera sabía que tenía, ha muerto y le ha dejado su fortuna, haciéndola económicamente independiente. La carta también indica que tres miembros de la comunidad son sus primos segundos. Está tan eufórica al descubrir que tiene una familia verdadera que la noticia de su nueva riqueza no hace gran impacto en ella. Se entera de que estos parientes recién descubiertos no heredaron nada, y, sin dudarlo, comparte su fortuna por igual con ellos. El dinero no significa nada para ella, mientras que descubrir que es parte de una familia verdadera lo es todo.

Cada persona necesita una familia. Las personas necesitan una comunidad donde puedan experimentar el amor y el compartir. Todos necesitan un lugar al cual pertenecer. La iglesia ofrece precisamente eso. Jesús mismo ofreció la invitación que tantas personas que sufren han deseado oír: «Vengan a mí todos los que están cansados y llevan cargas pesadas, y yo les daré descanso» (Mateo 11:28). Hoy en día, a través de su iglesia, él renueva esa invitación y ofrece alivio de las cargas que pesan sobre nuestras almas, incluyendo la pena, la soledad, las relaciones quebrantadas y el aislamiento. Si le falta el amor de un padre, Dios será su Padre. Si necesita un amigo, Jesús será su amigo. Si anda buscando una familia, la iglesia será su familia.

La iglesia nació en Pentecostés cuando Dios puso su Espíritu a disposición de aquellos que le abrieron sus vidas a él. Él sigue disponible hoy, y usted puede ser uno de esos discípulos que vive por su poder dinámico y disfruta el amor que él derrama en usted.

CAPÍTULO 4

OPORTUNIDAD Y OPOSICIÓN

✝ ✝ ✝

El nuevo movimiento
obtiene un punto de apoyo

Hechos 3–4

Los judíos de Jerusalén se habían acostumbrado tanto a la presencia del mendigo que casi ni se fijaban en él. Desde que les alcanzaba la memoria, cada mañana había sido llevado a la puerta del templo, donde se sentaba a pedir dinero todo el día. El pobre no tenía más opción que mendigar. Había nacido paralizado, y sus piernas estaban atrofiadas e inútiles. En sus cuarenta años de vida, nunca había dado un solo paso. Era un accesorio del templo, y como los antiguos accesorios familiares, era fácilmente pasado por alto. Aquellos que dejaban caer monedas en su taza rara vez lo miraban.

Este hombre se ubicaba intencionalmente en su lugar de mendicidad. Las personas que venían al templo con frecuencia traían dinero para poner en la tesorería, y algunos pensaban que un poco de caridad para los pobres podría impresionar a Dios o, quizás, impresionar a quienes estaban mirando. Tal generosidad usualmente consistía en no más de uno o dos centavos que se dejaban caer en la taza con suficiente fuerza para asegurase de que el ruido metálico de las monedas anunciara sus buenas acciones.

Las tres de la tarde habría sido una hora pico para el paralítico. Era el tiempo acostumbrado para la oración judía, y el tráfico en el templo se incrementaba considerablemente. Agitando su taza, levantaba una triste mirada al flujo de adoradores que pasaba. Como de costumbre, la mayoría lo ignoraba. Entonces vio a dos hombres entre la multitud que parecían avanzar directamente hacia él. Con la esperanza de conseguir una limosna, extendió su taza hacia adelante y rogó por dinero.

Pero en lugar de buscar su monedero, los dos hombres lo miraron fijamente. Luego uno de ellos dijo: «¡Míranos!» (Hechos 3:4).

El hombre no podía sino mirarlos. Nadie había intentado jamás conectarse con él de esta manera. Seguramente estaban a punto de dejar caer dentro de su taza una considerable suma, y aparentemente querían su plena atención a su generosidad. Pero las siguientes palabras de ellos desvanecieron sus expectativas como un odre reventado.

«Yo no tengo plata ni oro para ti —dijo el portavoz de los dos (quien no era otro que Pedro, acompañado por su apóstol colega Juan)—. Pero te daré lo que tengo. En el nombre de Jesucristo de Nazaret, ¡levántate y camina!» (Hechos 3:6).

Pedro se inclinó, tomó al hombre por la mano y tiró de él para ponerlo en pie. En ese momento, el asombrado mendigo recibió el susto de su vida. Inmediatamente sintió fluir sensaciones y fortaleza por sus piernas inútiles. Los músculos se expandieron. Los ligamentos se hicieron firmes. Los huesos se endurecieron. La sangre palpitó a través de las arterias previamente colapsadas. La coordinación para caminar fluyó milagrosamente de su corteza cerebral a los nervios de sus piernas.

De un brinco, el hombre se puso en pie, incapaz de contener su euforia. Entró en el templo con Pedro y Juan, no solo caminando tranquilamente, sino saltando, bailando y gritando alabanzas a Dios.

La gente en el templo se volvió hacia la conmoción y se quedaron boquiabiertos de asombro. Era el mendigo lisiado que habían visto por décadas al pasar la puerta: ¡curado, sano, intacto y delirantemente feliz! No sabían cómo procesar la aparente imposibilidad de lo que veían. Evidentemente, había ocurrido un milagro.

Mientras que la atónita multitud se reunía a su alrededor, Pedro hizo lo que cualquier buen predicador haría. Con una audiencia tan receptiva en busca de respuestas, él predicó. ¡Y qué sermón fue aquel!

Primero, Pedro desvió la gloria por el milagro de sí mismo hacia su verdadero origen. No era él quien había sanado al hombre; era el poder del Jesús resucitado obrando a través de él. Entonces, como lo

EL TEMPLO JUDÍO

Después de que fue establecida la nación de Israel, el rey David hizo planes y reunió materiales para que su hijo Salomón construyera un templo permanente que reemplazara al tabernáculo portátil. El templo, terminado en el año 959 a. C., fue una maravilla del mundo antiguo. Para gran tristeza de la nación judía, los babilonios destruyeron el templo cuando conquistaron y deportaron a los judíos en el año 586 a. C. Estos judíos exiliados regresaron y reconstruyeron un templo muy inferior en el año 515 a. C. En el año 20 a. C. Herodes el Grande amplió el tamaño del templo para que rivalizara con el templo original de Salomón, añadiendo extensos atrios pavimentados, pórticos, puertas y una torre central que albergaba el sagrado cuarto interior, el Lugar Santísimo. El atrio exterior abierto se convirtió en un punto de encuentro, que fue donde los apóstoles habrían visto al hombre mendigando. Los romanos destruyeron Jerusalén, incluyendo el templo, en el año 70 d. C. Nunca más fue reconstruido.

había hecho en el día de Pentecostés, ignoró las sutilezas y acusó a su audiencia de haber cometido un crimen atroz. Habían asesinado a Jesús, el Mesías prometido de sus Escrituras. Sí, reconoció Pedro, ellos lo habían hecho por ignorancia, pero la ignorancia no era una excusa. La verdad acerca de quién era Jesús se había hecho muy clara por sus declaraciones, sus milagros y las muchas profecías que se habían cumplido en él. Era una acusación amarga para su audiencia, pero sabía que si ellos iban a arrepentirse, tendrían primero que verse a sí mismos culpables ante Dios. La mala noticia era necesaria para establecer la Buena Noticia.

Entonces, como lo había hecho en su sermón de Pentecostés, Pedro explicó que Dios había levantado a Jesús de entre los muertos. Esto significaba que Jesús, a quien ellos habían matado, ahora estaba vivo. Su muerte había pagado el precio por los pecados de ellos, y su resurrección les había dado la esperanza de una vida nueva. Para recibir esa vida nueva, ellos necesitaban arrepentirse para que su pecado pudiera ser perdonado.

Este segundo sermón de Pedro fue otro gran éxito. Decenas de oyentes en los atrios del templo creyeron, se unieron a los discípulos, y llevaron el mensaje a sus familiares y vecinos, incrementando el número total de discípulos a más de cinco mil (Hechos 4:4).

Arresto, Interrogación y Acusación

Cuando Pedro terminó su sermón, el capitán de la guardia del templo se abrió paso a través de la multitud y marchó directamente hacia Pedro y Juan. Lo acompañaba un grupo de sacerdotes y miembros de los saduceos, una secta religiosa judía. Sin explicación alguna, detuvieron a los dos apóstoles y los arrastraron a la cárcel.

La celda típica en las prisiones de aquel tiempo no estaba diseñada para ser cómoda. Era pequeña, estaba sucia e infestada de plagas, y la única cama era un montón de paja rancia. Después de una larga noche sin dormir, los dos apóstoles fueron sacados a empujones de

LOS SADUCEOS Y LOS FARISEOS

Los saduceos eran una secta política y religiosa judía élite, quienes eran considerados los liberales de su tiempo. Cooperaban con los romanos y rechazaban muchas creencias judías ortodoxas, como la existencia de los ángeles y los espíritus, y la resurrección de los muertos. Los fariseos eran la secta judía de oposición, quienes creían en el mundo espiritual y en la resurrección de los muertos. Ellos respetaban estrictamente la norma de la ley judía, pensando que la meticulosa observancia ritual aceleraría el retorno del Mesías. Jesús frecuentemente reprendió a los fariseos por guardar estrictamente los detalles ceremoniales mientras ignoraban las verdades mayores (Mateo 23:23).

la cárcel y llevados a la cámara del Concilio Supremo, junto con la evidencia número uno, el mendigo sanado. Se encontraron parados cara a cara con los setenta sacerdotes, escribas y ancianos que servían como líderes religiosos judíos. También estaban presentes los asociados de Caifás, el sumo sacerdote.

Caifás ya estaba frustrado por su fracaso en ponerle fin a la influencia de Jesús con la crucifixión. Ahora los seguidores del hombre muerto estaban proclamando que él había resucitado y estaban inquietando al pueblo con sus enseñanzas. La primera pregunta de Caifás a Pedro y a Juan fue directo al meollo de su preocupación: «¿Con qué poder o en nombre de quién han hecho esto?» (Hechos 4:7).

La respuesta ligeramente irónica pero incisiva de Pedro reveló los valores invertidos de sus acusadores: «¿Nos interrogan hoy por haber hecho una buena obra a un inválido?» (Hechos 4:9).

Con esa pequeña púa firmemente insertada, Pedro aprovechó la oportunidad para lanzar otro sermón. Jesús les había dicho a sus discípulos que serían arrastrados ante los tribunales y acusados, pero que no debían preocuparse por lo que debían decir. Se les darían las palabras correctas cuando las necesitaran (Marcos 13:9-11). El sermón de Pedro, toda una obra maestra, reveló el cumplimiento de aquella profecía. Comenzó con una respuesta audaz e inequívoca a la pregunta que Caifás había hecho:

> Déjenme decirles claramente tanto a ustedes como a todo el pueblo de Israel que fue sanado por el poderoso nombre de Jesucristo de Nazaret, el hombre a quien ustedes crucificaron pero a quien Dios levantó de los muertos. Pues es Jesús a quien se refieren las Escrituras cuando dicen: «La piedra que ustedes, los constructores, rechazaron ahora se ha convertido en la piedra principal». ¡En ningún otro hay salvación! Dios no ha dado ningún otro nombre bajo el cielo, mediante el cual podamos ser salvos. HECHOS 4:10-12

¿Era este el mismo Pedro que se había encogido de miedo en las sombras después del arresto de Jesús? ¿El mismo hombre que lo negó tres veces para protegerse a sí mismo? Aquí estaba, hablando frente a los mismos hombres que habían condenado a Jesús, acusándolos de matar a su propio Mesías. El acusado se había convertido en el acusador. Este momento reveló un cambio dramático en el carácter de Pedro. Ahora estaba confiado, seguro y sin miedo a decir la verdad en circunstancias peligrosas. También demostró un rápido ingenio y agudo razonamiento que antes le faltaban.

¿Qué hizo la diferencia? El Espíritu Santo.

En el corto sermón de Pedro, que consta tan solo de unas noventa palabras en el griego original, este simple aldeano pescador se atrevió a enfrentarse de igual a igual con los principales teólogos de Israel. Acusándolos de matar a su Mesías, Pedro se valió de una profecía en uno de los salmos: «La piedra que los constructores rechazaron ahora se ha convertido en la piedra principal» (Salmo 118:22).

Como expertos en teología, la audiencia de Pedro habría entendido su punto a la perfección. Estaban familiarizados con este salmo, y conocían el significado de la metáfora que estaba usando. Una piedra angular era la pieza fundamental en la construcción de un edificio. Era la piedra más grande de la estructura, y se colocaba en la esquina para que todas las otras piedras pudieran ser alineadas con ella. Estos hombres educados sabían lo que Pedro estaba diciendo: Jesús de Nazaret fue enviado a ser la piedra angular del nuevo reino de Dios, aquel que Dios le había encargado a Israel que llevara al resto del mundo, y estos líderes, que debían haber sido los constructores de aquel reino, habían tirado la piedra fundamental al montón de basura. Con estas palabras de acusación, este pescador, este don nadie, dejó callados a los hombres más inteligentes de Israel.

El Concilio Supremo reacciona

La ira que hervía en los corazones del Concilio Supremo era casi palpable. ¡Cómo se atrevían estos pescadores sin educación a enseñarles a ellos —los líderes y eruditos más prestigiosos de la nación— los puntos más delicados de la teología! Para colmo de males, Pedro había declarado una vez más que la resurrección de Jesús realmente había sucedido. No pasarían esto por alto.

Este debió haber sido el gran momento que Caifás había estado esperando. Ahora tenía en sus garras a los mismos hombres que tanto había estado buscando, los cabecillas de los seguidores de Jesús. Tenía el poder para aplastarlos y terminar de una vez por todas con el rumor problemático de la resurrección de Jesús. Con solo cortarle la cabeza, esta serpiente que lo amenazaba finalmente moriría.

Pero no era tan sencillo. De pie ante él estaba un hombre que todo el mundo sabía que había sido paralítico toda su vida, pero que ahora estaba sano y bueno, curado en el nombre del Jesús resucitado. Esto era obviamente un milagro, y uno asombroso. No había manera en que pudiera negarlo.

Caifás y los saduceos estaban atrapados por sus ideas erróneas. Estaban convencidos de que no había tal cosa como la resurrección de entre los muertos. Sin embargo, aquí estaba la prueba de que algún poder viviente había sanado a un hombre. Pedro afirmaba que este poder provenía del Jesús resucitado. En lugar de, al menos, tener en cuenta que la afirmación de Pedro podría ser correcta, se aferraron a sus ideas erróneas así como un avaro a su bolsa y rechazaron la realidad en favor de su engaño.

El desconcertado concilio envió a Pedro y a Juan fuera de la sala mientras conversaban entre ellos. A pesar de estar tan desesperados por acabar con estos cabecillas de la iglesia naciente, se interponía en su camino el hecho innegable del milagro. No había duda de que era un milagro verdadero, y la gente lo sabía. ¿Cómo podría el concilio mirar a los ojos de estas personas si castigaban a los responsables de este acto milagroso y benevolente? Sin embargo, estaban decididos a encontrar una manera de detener la propagación de este nuevo movimiento.

El debate concluyó con la decisión de amenazar a Pedro y a Juan con graves consecuencias si hablaban o realizaban curaciones en el nombre de Jesús otra vez. El concilio sabía que era una solución débil, pero fue lo mejor que se les ocurrió.

Los líderes hicieron entrar de nuevo a Pedro y a Juan a la sala y les mandaron guardar silencio acerca de Jesús.

Pero Pedro y Juan no vacilaron. Respondieron: «¿Acaso piensan que Dios quiere que los obedezcamos a ustedes en lugar de a él? Nosotros no podemos dejar de hablar acerca de todo lo que hemos visto y oído» (Hechos 4:19-20).

El concilio quedó atónito. Indignado. Frustrado. La pregunta de Pedro acerca de si debían obedecer la autoridad de Dios o la humana los hizo callar una vez más. El Concilio Supremo era responsable de interpretar las leyes de Dios para el pueblo. Sin embargo, en este momento, el concilio mostró una vez más su flagrante indiferencia a la ley. Sabían por medio de la historia de su pueblo que cuando surgen conflictos entre las leyes humanas y la de Dios, el creyente debe desobedecer la autoridad humana y obedecer a Dios.

Cuando la nación de Israel estaba esclavizada en Egipto, las parteras hebreas desobedecieron el decreto del faraón de matar a todos los bebés varones recién nacidos en el campamento de Israel (Éxodo 1). El profeta Daniel eligió ser arrojado a un foso de leones hambrientos en lugar de obedecer el decreto del rey de Babilonia de orar solo a él (Daniel 6:1-10). Tres judíos exiliados en Babilonia, Sadrac, Mesac y Abed-nego, rehusaron adorar a una estatua de oro del rey a pesar de que su negativa significaba que serían echados en un horno ardiente (Daniel 3).

Los miembros del Concilio Supremo estaban ciegos ante el hecho de que estos dos apóstoles estaban siguiendo los pasos de aquellos valientes héroes. Y ellos, los mismos encargados de defender la ley de Dios, eran quienes estaban incitando a Pedro y a Juan a desafiarla.

Podríamos esperar que el concilio respondiera a tal desafío diciendo: «¡Ustedes miserables ingratos! Les dimos la oportunidad de quedar libres, pero la arruinaron. Ahora regresen a la cárcel, donde pueden pudrirse hasta que recobren sus sentidos y entren en razón». Pero no podían hacerlo. La gente en las calles ya estaba glorificando a Dios por la curación, y si este concilio castigaba a las personas que habían realizado el milagro, pondría en duda las intenciones del concilio y socavaría su poder e influencia.

A pesar de la negativa de los apóstoles de aceptar sus términos, no tuvieron más opción que dejarlos en libertad.

El informe y la reacción

Al salir del templo, Pedro y Juan fueron directamente adonde sus compañeros y les informaron todo lo que les había sucedido, desde la curación del mendigo hasta su liberación de manos de los líderes religiosos. Cuando los otros discípulos oyeron este informe, reconocieron dos cosas: en primer lugar, la iglesia estaba creciendo a pasos agigantados; segundo, la persecución era ahora una amenaza constante. Así que lo primero que hicieron fue orar.

¿Cuál fue su petición en esta oración? No fue lo que esperaríamos. Podríamos asumir que oraron para que Dios los protegiera del peligro y les evitara más oposición. Pero parece que estos pensamientos nunca entraron en sus mentes. Ellos ya sabían el peligro que enfrentarían por proclamar a Cristo. Eran particularmente conscientes de la profecía en los Salmos que predecía que la venida de Cristo llevaría a los gobernantes a una furiosa oposición:

> ¿Por qué están tan enojadas las naciones?
> ¿Por qué pierden el tiempo en planes inútiles?
> Los reyes de la tierra se preparan para la batalla,
>   los gobernantes conspiran juntos
> en contra del Señor
>   y en contra de su ungido.
>
> SALMO 2:1-2

Los discípulos sabían que la persecución llegaría, pero para ellos no era un impedimento. En lugar de estar atemorizados, se llenaron de gozo. Estaban agradecidos de que a Pedro y a Juan se les había dado la oportunidad de predicar la resurrección de Cristo ante el tribunal supremo judío. Esto no era un motivo para intimidarse; era una razón para celebrar.

Así que en vez de pedirle a Dios seguridad y protección, oraron por mayor audacia para aprovechar las oportunidades y hacerles frente a los desafíos. No oraron para que Dios los sacara de la dificultad sino para que los llenara con el poder de su Espíritu Santo para hacer obras aún mayores.

Cuando comenzó la inevitable persecución, muchos de los creyentes fueron desplazados u obligados a huir para sobrevivir. La iglesia naciente estuvo a la altura de las circunstancias, y se unieron unos con otros para ayudarse. Compartieron sus hogares. Algunos donaron tierras para que otros vivieran en ellas. Vendieron propiedades, casas y otras posesiones, y unieron sus recursos para asegurar la supervivencia mutua. La Escritura resume la mentalidad de la iglesia del primer siglo de esta manera: «Todos los creyentes estaban unidos de corazón y en espíritu. Consideraban que sus posesiones no eran propias, así que compartían todo lo que tenían. Los apóstoles daban testimonio con poder de la resurrección del Señor Jesús y la gran bendición de Dios estaba sobre todos ellos» (Hechos 4:32-33).

✝ ✝ ✝

La belleza del compromiso total

Cuando leemos en Hechos 3 y 4 acerca de Pedro, Juan y la iglesia creciente, casi podemos sentir el cosquilleo de emoción en el aire. Un enorme cambio se había puesto en marcha en el mundo. Todo acerca de este movimiento era fresco, y estaba activo y lleno del poder que el Espíritu Santo estaba infundiendo en estos creyentes. Ellos no tenían temor; estaban listos para anunciar la verdad frente a la oposición y preparados para enfrentarse a sus adversarios cuando fuera necesario. Estaban dispuestos a sufrir encarcelamiento, la pérdida de sus propiedades y hasta la muerte. Al parecer, mientras peor se ponían las cosas, más crecía la valentía del grupo y mejor equipados estaban para propagar la Palabra.

David Ben-Gurion, el inicial primer ministro de Israel, creía que «la valentía es un tipo de conocimiento especial: el conocimiento de cómo temer lo que debe ser temido y cómo no temer a lo que no se debe temer»[1]. Nelson Mandela dijo que la valentía «no es la ausencia de miedo, sino el triunfo sobre él. El hombre valiente no es aquel que no siente miedo, sino el que conquista ese miedo»[2]. C. S. Lewis afirmó que el valor no es solamente una virtud; más bien, es «la forma de cada virtud puesta a prueba, lo que significa: en el punto más alto de la realidad»[3].

La Biblia está llena de historia tras historia de hombres y mujeres valientes que fueron fieles a Dios aunque eso significara oponerse a todos los demás.

Noé continuó la construcción del arca a pesar de las burlas de sus vecinos. ¡Qué valor deben haber tenido él y su familia para ser aislados por toda su comunidad mientras construían una estructura diferente de cualquier otra que hubieran visto en su vida, preparada para una lluvia de la que nunca nadie había oído hablar! Pero Noé y su familia perseveraron simplemente porque Dios les había mandado a hacerlo.

Cuando doce espías israelitas regresaron de su exploración de la tierra de Canaán, Moisés les pidió que dieran su informe. Diez de los espías dijeron que no había manera de que pudieran conquistar la tierra: «El pueblo que la habita es poderoso y sus ciudades son grandes y fortificadas. ¡Hasta vimos gigantes allí!» (Números 13:28). Josué y Caleb tuvieron una postura opuesta a los demás y dieron un informe valiente y honesto. «¡Vamos enseguida a tomar la tierra!» le dijo Caleb al pueblo, «¡De seguro podemos conquistarla!» (Números 13:30).

David se paró solo frente al gigante Goliat, mientras los demás compañeros soldados se encogían de miedo. David tenía la valentía que procedía de más allá de sí mismo. Le dijo a Goliat, «¡Esta es la batalla del Señor, y los entregará a ustedes en nuestras manos!» (1 Samuel 17:47). Entonces salió valientemente y derrotó a Goliat.

Ester se acercó audazmente al rey para salvar la vida de su pueblo, sabiendo que mientras lo hacía estaba poniendo su propia vida en peligro. Dios le dio el coraje para hacer lo que era correcto, sin importar el costo. «Entraré a ver al rey. Si tengo que morir, moriré» (Ester 4:16).

A lo largo del Antiguo y del Nuevo Testamento, los hombres y las mujeres de fe se han atrevido a seguir a Dios incluso cuando esto significaba sufrimiento o muerte.

Nuestra necesidad de valentía

El registro bíblico, incluyendo el libro de los Hechos, entrega un mensaje oportuno a la iglesia en los Estados Unidos. La oposición a la iglesia y sus creencias va en aumento. Ya hemos visto casos de represión, y en mi opinión, la persecución total se avizora en el horizonte. La prosperidad generalizada y la disponibilidad de entretenimiento a toda hora y todos los días de la semana han dado lugar a una rápida decadencia de la moralidad y la ética. Hemos llegado al punto en nuestra cultura en que se acepta casi todo tipo de inmoralidad y toda creencia debe ser tolerada, excepto el cristianismo y sus principios bíblicos.

Viviendo en un ambiente así, los cristianos podrían fácilmente sentirse intimidados, ir con la corriente para llevarse bien con otros, desvalorar sus creencias para evitar la confrontación o el ostracismo. Es fácil diluir el cristianismo y utilizarlo simplemente para ayudar a que las personas vivan un poco mejor de lo que han vivido. Pero el verdadero llamado del cristiano es a guiar a la gente a que conozca al Cristo auténtico, quien exige el tipo de transformación radical que vemos en estos primeros capítulos de Hechos.

Pedro no rehuyó la confrontación. No se anduvo con rodeos ni trató de ser cautelosamente diplomático cuando afirmó una de las verdades más profundas y controversiales del evangelio. Hablando de Cristo ante el Concilio Supremo, dijo: «¡En ningún otro hay salvación! Dios no ha dado ningún otro nombre bajo el cielo, mediante el cual podamos ser salvos» (Hechos 4:12). Hay muy pocas cosas que los cristianos puedan decir hoy que cause más ira y oposición que esa verdad central y absoluta.

Hace varios años hablé con algunos estudiantes en una universidad de Nueva Jersey. En la posterior sesión de preguntas y respuestas, un hombre levantó la mano. «¿Cree usted que Jesucristo es el único camino a Dios?», preguntó.

«En realidad, no hace ninguna diferencia lo que yo piense», le contesté. «Lo que realmente importa es lo que dice Dios y lo que dice Jesús. Yo no quiero que se vaya de aquí pensando en lo que yo creo. Quiero que piense en lo que Dios dice en su Palabra. Juan 14:6 dice: "Yo soy el camino, la verdad y la vida; nadie puede ir al Padre si no es por medio de mí"».

La Escritura está llena de pasajes que enseñan esta misma verdad.

- «Y la manera de tener vida eterna es conocerte a ti, el único Dios verdadero, y a Jesucristo, a quien tú enviaste a la tierra» (Juan 17:3).
- «¡En ningún otro hay salvación! Dios no ha dado ningún otro nombre bajo el cielo, mediante el cual podamos ser salvos» (Hechos 4:12).
- «Hay un Dios y un Mediador que puede reconciliar a la humanidad con Dios, y es el hombre Cristo Jesús» (1 Timoteo 2:5).

La verdad de que solo podemos llegar a Dios a través de Cristo es una ley espiritual que no puede ser violada o cambiada. Usted puede decir con toda sinceridad: «Yo no lo creo», pero eso no va a cambiar la realidad ni siquiera un poquito. No hay otro camino a Dios excepto a través de su Hijo, Jesucristo.

Los cristianos de hoy deben estar dispuestos a ponerse de pie y proclamar esta verdad bíblica con profunda humildad pero sin miedo ni disculpas. Podemos hacer esta proclamación de manera audaz y sin ningún temor solo por el poder del Espíritu Santo, el mismo Espíritu Santo que motivó a los primeros cristianos. Así que en lugar de orar por comodidad y seguridad, oremos por el mismo tipo de audacia que poseían estos primeros discípulos.

¿A quién obedeceremos?

Cuando el Concilio Supremo le exigió a Pedro que no predicara más acerca de Jesús, Pedro les lanzó una pregunta reveladora: «Acaso piensan que Dios quiere que los obedezcamos a ustedes en lugar de a él?» (Hechos 4:19). En algún momento los creyentes de hoy se enfrentarán también a esta pregunta. A medida que los gobiernos occidentales se distancian de los principios divinos, será algo a lo que nos enfrentaremos con mayor frecuencia y con consecuencias más graves.

LA RESPONSABILIDAD DE LOS CRISTIANOS HACIA EL GOBIERNO

Cristo dejó claro que estamos obligados a obedecer la ley civil. En cierta ocasión, los fariseos se acercaron a Jesús con esta pregunta: «¿Es correcto que paguemos impuestos al César o no?».

Cuando le mostraron la moneda utilizada para pagar el impuesto, él preguntó: «¿A quién pertenecen la imagen y el título grabados en la moneda?».

«Al César», respondieron ellos.

«Bien —dijo—, entonces den al César lo que pertenece al César y den a Dios lo que pertenece a Dios» (Mateo 22:17-21).

En ese corto intercambio, Jesús ofreció lo que podría ser el comentario político más importante jamás hecho. Comenzó por declarar la legitimidad de los gobiernos humanos. El erudito del Nuevo Testamento, James A. Brooks, explica: «La moneda acuñada por el emperador tenía su imagen estampada en ella y era considerada como su propiedad personal, incluso mientras estaba en circulación. Por tanto, era correcto que los judíos y (más tarde) los cristianos se la devolvieran. Al decir esto, Jesús reconoció que el pueblo de Dios tiene una obligación con el Estado»[4]. Si aceptamos los privilegios y las protecciones del gobierno, entonces estamos obligados a apoyarlo.

El apóstol Pedro escribe: «Por amor al Señor, sométanse a toda autoridad humana, ya sea al rey como jefe de Estado o a los funcionarios que él ha nombrado. Pues a ellos el rey los ha mandado a que castiguen a aquellos que hacen el mal y a que honren a los que hacen el bien. [. . .] Teman a Dios y respeten al rey» (1 Pedro 2:13-14, 17).

Como muestran estas Escrituras, los gobiernos tienen una función legítima y necesaria: mantener una sociedad ordenada y proporcionar defensa a sus ciudadanos. Los cristianos deben ser los principales ejemplos de respeto y obediencia a estas autoridades.

LA RESPONSABILIDAD DEL CRISTIANO HACIA DIOS

Aunque tenemos el llamado a respetar al gobierno, hay límites para este tipo de obediencia. Esto se debe a que la autoridad de Dios es superior a cualquier autoridad humana: «Las monedas tienen la imagen de un gobernante y pueden ser devueltas a él. Los seres humanos están hechos a la imagen de Dios; ellos y todo lo que tienen le pertenecen a él»[5].

Como Pedro demostró en su comentario al Concilio Supremo, cuando la ley humana entra en conflicto con la ley de Dios, los cristianos deben obedecer a Dios aun a riesgo personal. En momentos en que la desobediencia civil es necesaria, los cristianos deben tener cuidado de hacerlo de una manera respetuosa y sin recurrir a la superioridad moral y la fuerte crítica, y sin exhibir un complejo de mártir. Esto nos lleva de nuevo a nuestros ejemplos bíblicos de las parteras hebreas, Daniel, y los tres amigos hebreos de Daniel. Aunque se negaron a obedecer los edictos de sus líderes, mostraron humildad y respeto a las autoridades. En cierta ocasión, a Daniel incluso se le ocurrió una alternativa ingeniosa que conservó su integridad y evitó una confrontación (Daniel 1: 8-16).

Debido a mi primer nacimiento, soy un ciudadano de los Estados Unidos de América. Y debido a mi segundo nacimiento, soy un ciudadano del reino de Dios. Ambas ciudadanías implican obligaciones muy serias.

Arrepentimiento: el giro radical

Pedro confrontó con dureza a los judíos que escuchaban su sermón en la puerta del templo, diciéndoles que eran culpables de haber matado al Mesías que Dios había enviado para salvarlos. Su intención no era rencorosa o vengativa. Pero habían pecado, y el pecado conlleva castigo. Él sabía que ellos tenían que enfrentar la verdad de su culpa para que pudieran aceptar la solución a la misma. Inmediatamente después de hacer la acusación, les dio la solución: «Ahora pues, arrepiéntanse de sus pecados y vuelvan a Dios para que sus pecados sean borrados. Entonces, de la presencia del Señor vendrán tiempos de refrigerio y él les enviará nuevamente a Jesús, el Mesías designado para ustedes» (Hechos 3:19-20).

La mayoría de las personas que han estado expuestas al cristianismo entienden que para ser salvo de la pena por el pecado, uno debe creer. Esto es cierto, pero hay mucho más en cuanto a la fe que simplemente afirmar un hecho. La fe auténtica implica arrepentimiento. Sin arrepentimiento, la fe es una afirmación vacía. El arrepentimiento no significa, como algunos suponen, simplemente sentir remordimiento por los pecados cometidos. Confesar el pecado, reconocer a Jesucristo como el Hijo de Dios, y luego continuar la vida igual que antes no es una conversión auténtica. Arrepentimiento significa dar un giro e ir en sentido contrario. Significa comprometerse a un cambio total de dirección, dejar de seguirse a uno mismo y empezar a seguir a Cristo. El arrepentimiento no es un paso aislado en el proceso de la conversión; es la esencia misma de la conversión y, definitivamente, de toda la vida cristiana.

Hay un pastor que describe así la alegría del arrepentimiento y su papel esencial en la vida cristiana: «Casi cada semana le pido a la gente que se arrepienta. Les pido que cambien de opinión, que es, literalmente, lo que significa el arrepentimiento. Los invito a que vean las cosas a la manera de Dios. A alinearse, de proa a popa, con los propósitos de Dios. Inicialmente esa alineación es violenta y dramática, un giro de 180 grados. Pero a partir de ahí son, en su mayoría, correcciones de ruta: 15 grados aquí y 5 grados allá. Pero cada cambio, sea cual sea el grado, es una Buena Noticia. Cada movimiento nos lleva más cerca de donde queremos estar»[6].

En su sermón, Pedro describió cuatro razones para el arrepentimiento.

1. **Para que sus pecados sean borrados.** Nuestros pecados no han sido simplemente pasados por alto o dejados de lado como si no fueran graves; han sido completamente quitados. Ya no son parte de nosotros. Ya no manchan nuestras almas ni nos hacen culpables ante Dios. Como resultado del arrepentimiento, esos pecados se han ido para siempre (Hechos 3:19).

2. **Para que puedan llegar tiempos de alivio sobre usted.** Piense en la euforia que sentimos cuando una migraña desaparece, cuando un niño muy enfermo se recupera o cuando se termina de pagar una deuda muy grande. Estas son solo tenues pinceladas del alivio y el refrigerio que llegan cuando ya no estamos abrumados por la culpa que hemos cargado por todas nuestras faltas. Somos libres. Estamos curados. Una enorme carga ha sido quitada. Nuestras almas están limpias.

   Pero el alivio va más allá de eso. En el futuro, cuando Cristo regrese, vamos a experimentar la renovación del mundo entero cuando el Señor «les enviará nuevamente a Jesús, el Mesías designado para ustedes» (Hechos 3:20). Este será un mundo sanado del mal, del dolor, de la muerte y de la corrupción.

3. **Para que usted escape del juicio.** Cuando Moisés predijo que un profeta vendría para juzgar a todas las personas

(Deuteronomio 18:15), se refería a Jesús. Pedro le dijo a su audiencia: «Cualquiera que no escuche a ese Profeta será totalmente excluido del pueblo de Dios» (Hechos 3:23). Arrepentimiento significa alinear su vida con él ahora. No arrepentirse significa que él no lo reconocerá a usted como uno de los suyos cuando regrese.

4. **Para que usted experimente la bendición de Dios.** Pedro, hablándoles a sus oyentes judíos, dice que Dios envió a Jesús «para bendecirlos al hacer que cada uno se aparte de sus caminos pecaminosos» (Hechos 3:26). Esa bendición se nos ofrece a nosotros también. La bendición de una vida totalmente nueva, sin cargas, gozosa y profundamente bendecida en Cristo está disponible, sin que importen la raza, el sexo o el trasfondo, para todos los que se arrepienten y se vuelven a él.

CAPÍTULO 5

HIPÓCRITAS Y HÉROES

✛ ✛ ✛

Engaño, persecución y
multiplicación en la iglesia naciente

Hechos 4:36–5:42

ENTRE LOS NUEVOS MIEMBROS DE la iglesia en rápida expansión en
Jerusalén había un hombre llamado José, que era de la isla mediterránea de Chipre. José siempre vio lo mejor de cada uno y nunca
perdió la oportunidad de animar a los desalentados o de consolar a
los sufrientes. Esta afectuosa característica llevó a los apóstoles a dar
a José el sobrenombre Bernabé, que significa «hijo de ánimo». El
nombre se volvió habitual, y en el resto del libro de los Hechos nunca
más se le vuelve a llamar José.

Cuando la persecución comenzó a dejar desposeídos y sin hogar a
algunos de los creyentes, Bernabé vendió un terreno y entregó todas
las ganancias a los apóstoles para que fueran distribuidas entre los
necesitados. Fue un acto de amor desinteresado por el que Bernabé
no buscó gloria. Su regalo lo hizo aún más querido por los creyentes.

Entre los nuevos convertidos también había un hombre llamado

Ananías, que tenía cierto grado de riqueza. Después de ver la adulación acumulada sobre Bernabé y otros que vendían sus propiedades para el bien de la comunidad, decidió participar en esa acción. Tenía una parcela de tierra para vender, y pensó que donar lo recaudado elevaría su estatus y le daría un aire de compromiso espiritual.

Ananías recibió un buen precio por su tierra, lo suficiente para que nadie sospechara nada si guardaba una suma importante para sí mismo, mientras decía que estaba donando la cantidad completa. Contó a su esposa, Safira, el engaño, y ella estuvo de acuerdo.

La Escritura no da muchos detalles acerca de lo que ocurrió después, pero así es como me imagino la escena: Ananías desfiló entre la multitud de creyentes con una gran bolsa de monedas tintineando, llevándola abierta para que todos las vieran. Llegó al lugar donde los voluntarios recibían las colectas bajo la supervisión de los apóstoles.

«¿Ven lo que he traído? —dijo—. Vendí mi tierra, al igual que hizo Bernabé. Aquí está completa la cantidad que recibí». Con un gesto elaborado, puso la pesada bolsa entre las cestas.

Los murmullos de admiración se escucharon por toda la habitación.

Funcionó pensó Ananías. *Y nadie sabrá jamás la verdad acerca de este regalo.*

Pero estaba equivocado, totalmente equivocado. Pensó que había ocultado la verdad, pero nada está oculto ante Dios, quien conoce cada pensamiento albergado en el corazón humano (Salmo 44:21). En ese momento, el Espíritu Santo reveló el engaño de Ananías al apóstol Pedro.

Pedro miró fijamente a Ananías y le dijo: «¿Por qué has permitido que Satanás llenara tu corazón? Le mentiste al Espíritu Santo y te quedaste con una parte del dinero. La decisión de vender o no la propiedad fue tuya. Y, después de venderla, el dinero también era tuyo para regalarlo o no. ¿Cómo pudiste hacer algo así? ¡No nos mentiste a nosotros sino a Dios!» (Hechos 5:3-4). Su pecado no fue haber guardado parte del dinero para sí; esa fue completamente su decisión. Su pecado fue el engaño.

Imagine la sorpresa en el rostro de Ananías en ese momento. ¿Cómo fue posible que Pedro se enterara de eso? Pero antes de que pudiera responder, se desplomó al suelo, muerto. A la señal de Pedro, varios jóvenes envolvieron el cuerpo y se lo llevaron para ser enterrado.

Al no regresar Ananías a su casa, Safira salió a buscarlo. Sabía adónde había ido, así que fue directamente a los apóstoles para preguntarles. Pero en lugar de revelar el destino de su marido, Pedro le preguntó a Safira si Ananías había vendido la tierra por el precio que había dicho.

«Sí —contestó ella—, ese fue el precio».

Pedro le dijo: «¿Cómo pudieron ustedes dos siquiera pensar en conspirar para poner a prueba al Espíritu del Señor de esta manera? Los jóvenes que enterraron a tu esposo están justo afuera de la puerta, ellos también te sacarán cargando a ti» (Hechos 5:9).

¿QUÉ ES UN HIPÓCRITA?

La palabra *hipócrita* proviene de una palabra griega que significa «jugar al actor». Ha llegado a simbolizar a una persona que finge alguna virtud que realmente no posee para poder ser admirado por los demás. Sin duda, la iglesia tiene su parte de hipócritas religiosos que muestran un rostro piadoso que contradice su verdadero carácter interno.

Pero algunos comportamientos que pueden ser etiquetados como hipocresía no lo son en absoluto. Actuar mejor de cómo desea actuar no es hipocresía; es un acto de disciplina para llevarse a sí mismo a estar alineado con el estándar de lo que cree. Lo que Dios no tolerará es la verdadera hipocresía: cuando la gente intencionalmente trata de engañarlo a él o a otras personas para así poder recibir afirmación por ser buena.

Al instante, Safira colapsó y murió, al igual que había sucedido con Ananías. Los mismos jóvenes tomaron su cuerpo y lo enterraron junto al cuerpo de su marido.

Una ola de temor y un resurgimiento de poder

La iglesia se estremeció conmocionada ante las muertes de Ananías y Safira. Los nuevos convertidos habían sido atraídos a esta comunidad de creyentes como resultado de las sanaciones hechas por los apóstoles y sus prédicas sobre el perdón de los pecados ofrecido por Jesús. Ver caer repentinamente fulminados a dos de sus hermanos en la fe fue lo último que esperaban. Sin duda alguna hubo gente que comenzó a tener dudas y se alejó, volviendo a su vida anterior. No querían ser las próximas víctimas del juicio de Dios.

Pero estas dos muertes finalmente tuvieron un impacto positivo en la iglesia, pues el incidente parece haber tenido un efecto purificador. Se suscitó una especie de proceso de selección no oficial, descartando a aquellos que no estaban plenamente comprometidos con Jesús. Los que estaban apenas manteniéndose en el grupo desaparecieron, mientras que los que permanecieron estaban dispuestos a someter su vida al escrutinio de la verdad y a asumir todos los riesgos de ser creyentes.

El miedo provocado por estas dos muertes también se extendió a los no creyentes. Mientras que muchas personas tenían en alta estima a la nueva iglesia debido a las vidas cambiadas de sus miembros, durante un tiempo «nadie más se atrevía a unirse a ellos» (Hechos 5:13). Sin duda, los apóstoles estaban preocupados por esta pausa en la propagación del evangelio, por lo que inmediatamente después de este incidente fueron al templo, donde reanudaron su ministerio y realizaron sanaciones milagrosas.

Las noticias de estos milagros se extendieron mucho más allá de los muros de Jerusalén, y pronto las personas que estaban enfermas, cojas, lisiadas y poseídas por un demonio comenzaron a llegar a montones a la ciudad para ser sanadas. Multitudes irrumpieron en la ciudad, y los que no pudieron acercarse a los apóstoles se apostaron en las calles cercanas con la esperanza de que al pasar Pedro por allí su sombra les traería sanidad (Hechos 5:15).

La oposición golpea de nuevo

Cuando Caifás, el sumo sacerdote, se enteró de que una vez más se estaban reuniendo grandes multitudes alrededor de los apóstoles, hirvió de ira. ¿Sería que este problema de Jesús nunca acabaría? El haberlo matado debería haber puesto un alto a las cosas, pero ahora sus discípulos estaban generando el mismo tipo de problema. Caifás había tratado de silenciarlos con amenazas, lo cual solo los había estimulado a que redoblaran sus esfuerzos. Era como si Jesús nunca hubiera muerto, sino que estaba presente de alguna manera en la vida de sus discípulos.

Caifás y los saduceos enfrentaban de nuevo el problema que los había llevado a arrestar a Pedro y a Juan no mucho antes. Estos seguidores de Jesús se estaban ganando el corazón de la gente. Y lo estaban haciendo en gran parte a través de milagros, demostrando así un poder real del que carecían los miembros del concilio. Estos líderes judíos no solo estaban verdes de envidia, sino que sus doctrinas saduceas también estaban siendo amenazadas. ¿Cómo iban a mantener a la gente creyendo que no había reino sobrenatural, mientras que los apóstoles estaban realizando milagros mediante un poder más allá de sí mismos? ¿Cómo podían mantenerlos creyendo que no había resurrección cuando los apóstoles proclamaban realizar estos milagros por el poder de Jesús resucitado?

Uno podría pensar que a la luz de una manifestación tan evidente del poder de Dios estos líderes finalmente reexaminarían sus creencias. Pero sus corazones estaban tercos ante la verdad, y no tenían la humildad de aceptar que todo su sistema de teología podía tener fallas. Su solución no fue buscar la verdad sino matar a la oposición.

Sí, matar a los apóstoles enojaría a mucha gente, pero la alternativa era ver su propia influencia desintegrarse como una cuerda que se deshilacha.

Caifás ordenó a la policía del templo que detuvieran a Pedro y a Juan para su comparecencia a la mañana siguiente: «echaron mano a los apóstoles y los pusieron en la cárcel pública» (Hechos 5:18, RVR60), lo que significa que los maltrataron y los arrastraron a la cárcel.

Cerraron de golpe las puertas de hierro y los guardias se pararon junto a la entrada. Los apóstoles fueron dejados para sufrir la noche en circunstancias sombrías, pero no por mucho tiempo.

A altas horas de la noche se despertaron y encontraron a un ángel de Dios de pie, allí en la celda con ellos. Para su sorpresa, la pesada puerta estaba abierta detrás de él. Mientras el ángel los conducía fuera de la prisión, les dio una misión: «¡Vayan al templo y denle a la gente este mensaje de vida!» (Hechos 5:20). En otras palabras, debían salir y seguir haciendo exactamente lo que los había metido en problemas la primera vez.

Esta instrucción del ángel nos dice que el propósito principal de la liberación de los apóstoles no era garantizar su seguridad personal; era para el avance del reino de Cristo. La aparente falta de preocupación de Dios por su bienestar inmediato no ofendió a estos hombres porque estaban totalmente entregados a la causa de Cristo. La seguridad personal no era su enfoque. Sabían que Dios los amaba infinitamente, pero también sabían que su vida presente era prescindible en aras de la mejor vida por venir.

Cuando llegó la mañana, Caifás reunió al Concilio Supremo y mandó que les trajeran a los prisioneros. Momentos después, el capitán de la policía regresó completamente desconcertado. Los prisioneros no estaban con él. Caifás exigió una explicación.

La Escritura no entra en detalles sobre la reacción del capitán, aparte de decir que estaba perplejo, pero yo lo imagino nervioso, aclarándose la garganta y murmurando: «Bueno . . . eh . . . usted no va creer esto, pero cuando llegamos a la prisión, todo parecía completamente normal. Los guardias estaban atentos de pie en sus puestos y las puertas de la cárcel estaban bien cerradas. Pero cuando abrimos las puertas no vimos a los discípulos por ningún lado. Todos los otros prisioneros todavía están encerrados. Ni ellos ni los guardias vieron o escucharon algo fuera de lo común. No hay evidencia de juego sucio ni daño a la puerta. Es como si estos hombres se hubieran desvanecido en el aire».

Mientras el capitán y los jefes de los sacerdotes continuaban preguntándose qué había sucedido, un mensajero entró corriendo al salón y gritó: «¡Los hombres que ustedes metieron en la cárcel están en el templo enseñando a la gente!» (Hechos 5:25).

¡Imposible! La confusión del Concilio Supremo se transformó en ira. No solo se habían escapado sus prisioneros, sino que habían agregado sal a la herida yendo de nuevo directamente a continuar haciendo lo mismo por lo que habían sido detenidos en primer lugar.

A pesar de otro innegable milagro, el Concilio Supremo se mantuvo decidido en su enfoque. Esos predicadores callejeros arribistas

PEDRO Y JUAN EN PRISIÓN

Los apóstoles fueron a una prisión «común», lo cual da a entender que ese lugar no era lo que en ocasiones se llama una prisión «cortés», reservada para los presos políticos o los delincuentes selectos.
Estas celdas se llenaban con los criminales más viles y despiadados. Los miembros del Concilio Supremo estaban descargando su ira y frustración tratando a estas persistentes espinas que tenían clavadas en sus costados con todas las opciones aborrecibles y hostiles que tenían a su disposición.

tenían que ser silenciados. Caifás exigió que Pedro y Juan fueran traídos nuevamente ante el concilio.

«El capitán fue con los guardias del templo y arrestó a los apóstoles, pero sin violencia, porque tenían miedo de que la gente los apedreara» (Hechos 5:26). El capitán se sentía obviamente intimidado. La gente sabía que los apóstoles no habían quebrantado ninguna ley, y él temía lo que podrían hacerle si maltrataba a sus héroes. No solo eso, sino que estaba preocupado por lo que había sucedido en su prisión la noche anterior. ¡Estos hombres tenían poder!

Así que esta vez su acercamiento no fue violento ni áspero. Fue más en estos términos: «Eh, caballeros, ¿nos permitirían el honor de escoltarlos como invitados hasta el Concilio Supremo?».

A los apóstoles no les importó en absoluto. Tendrían otra oportunidad para predicarles a los líderes judíos.

Cuando los apóstoles estuvieron delante del Concilio Supremo, Caifás los confrontó: «¡Les ordenamos estrictamente que no enseñaran nunca más en nombre de ese hombre! [. . .] En lugar de eso, han llenado a toda Jerusalén con la enseñanza acerca de él, ¡y quieren hacernos responsables de su muerte!» (Hechos 5:28).

Caifás formuló tres cargos contra los apóstoles. El primero fue insubordinación: habían desobedecido la orden del consejo de que dejaran de predicar en el nombre de Jesús. El segundo cargo fue el adoctrinamiento de la población: los apóstoles estaban llenando a Jerusalén con la doctrina de la resurrección de Jesús. Y el tercer cargo fue la incriminación del Concilio Supremo: los apóstoles estaban haciendo ver a estos líderes judíos como los culpables del asesinato del Mesías de la nación.

Los apóstoles respondieron a los dos primeros cargos con una sola frase: «Nosotros tenemos que obedecer a Dios antes que a cualquier autoridad humana» (Hechos 5:29). Esta era la misma respuesta que habían dado cuando fueron arrestados antes. Estaban diciendo: «No tenemos alternativa; debemos continuar con la enseñanza de la resurrección de Jesús porque es verdad, y Dios nos ha encargado de enseñarla».

En cuanto al tercer cargo, responsabilizar al Concilio Supremo del asesinato de Cristo, parece que el consejo había olvidado convenientemente lo que habían dicho cuando llevaron a Jesús ante Pilato: «¡Nos haremos responsables de su muerte, nosotros y nuestros hijos!» (Mateo 27:25). Pero los apóstoles no dieron marcha atrás ni un centímetro. De hecho, reiteraron su acusación: «El Dios de nuestros antepasados levantó a Jesús de los muertos después de que ustedes lo mataron colgándolo en una cruz» (Hechos 5:30). Luego llevaron las cosas un paso más allá, afirmando que este Cristo, a quien los líderes judíos asesinaron, ahora está sentado a la diestra de Dios. Él tiene el poder para aplastar a todos sus enemigos, y eso, le dijeron al concilio, los incluye a ustedes. Los apóstoles le dieron un giro nuevo a la situación. No eran ellos los que estaban siendo enjuiciados; era el Concilio Supremo.

Pero los apóstoles no se detuvieron con las malas noticias. Siguieron su acusación con la Buena Noticia del evangelio. Le dijeron al consejo que este mismo Cristo al que habían crucificado les ofrecía el perdón de sus pecados (Hechos 5:31). Ellos eran culpables pero había una salida. Si ellos se arrepentían y aceptaban esta generosa oferta extendida por el mismo hombre al que habían asesinado, él los salvaría. ¡Qué gracia!

Pero, ¿consideraron estos hombres la oferta? Ni por un momento. Su respuesta fue automática: «Al oír esto, el Concilio Supremo se enfureció y decidió matarlos» (Hechos 5:33). Abandonaron toda razón; ninguna cantidad de verdad o evidencia podría influenciarlos. Su preciada doctrina había sido completamente destruida; sin embargo, estaban determinados a protegerla a toda costa. No podían callar a estos apóstoles, así que cerrarían sus bocas. Sus muertes enfurecerían a muchas personas, pero imaginaban que el furor moriría con el tiempo. Si ellos permitían que estos hombres siguieran predicando, sería la muerte de la influencia y el control del Concilio Supremo y de todo su sistema de creencias.

Una solitaria voz de la razón

La decisión del Concilio Supremo estaba hecha: los apóstoles serían apedreados hasta morir. Pero antes que Caifás pudiera cerrar el caso, una figura de edad avanzada y venerable se levantó para hablar. Todos hicieron una pausa para escucharlo, pues el orador era el famoso y muy respetado maestro Gamaliel. Gamaliel exhortó al concilio a tranquilizarse y a pensar las cosas antes de llevar a cabo una acción precipitada que más tarde podrían lamentar. No era lo que el concilio quería oír, pero este era el gran Gamaliel, y lo menos que podían hacer era darle el debido honor escuchándolo.

Gamaliel relató brevemente dos incidentes que sus colegas recordarían. Otros dos hombres en tiempos recientes habían hecho afirmaciones pretenciosas acerca de sí mismos y, sorprendentemente, habían ganado muchos seguidores. Mientras que estos hombres estaban activos, causaron alarma en el Concilio Supremo de la misma manera que los apóstoles de Jesús estaban haciendo ahora. En ambos casos, sin embargo, cuando los líderes fueron asesinados, sus seguidores se dispersaron y los movimientos que habían liderado murieron.

Usando estos incidentes como ejemplos, Gamaliel dijo al Concilio Supremo: «Mi consejo es que dejen a esos hombres en paz. Pónganlos en libertad. Si ellos están planeando y actuando por sí solos, pronto su movimiento caerá; pero si es de Dios, ustedes no podrán detenerlos. ¡Tal vez hasta se encuentren peleando contra Dios!» (Hechos 5:38-39).

El consejo de Gamaliel de «esperar y ver» albergaba la posibilidad de que la resurrección de Jesús podría ser verdad. Es posible que no estuviera plenamente convencido, pero había visto los milagros de los apóstoles y comprendió que los líderes debían permanecer abiertos al poder que podría estar apoyándolos.

Una liberación reacia

El discurso de Gamaliel enfrió los ánimos de los miembros del Concilio Supremo y les recordó su situación precaria ante el pueblo. Matar a los apóstoles ciertamente incitaría a la ira, lo que podría dar lugar a graves problemas para los líderes. Por mucho que odiaran hacerlo, sería mejor dejar en libertad a estos problemáticos seguidores de Jesús.

Sin embargo, los harían pagar de alguna manera. Ordenaron darles severas golpizas a Pedro y a Juan. Y luego, con la esperanza de que esta dura sanción enfriara su fervor, el Concilio Supremo les advirtió nuevamente a los apóstoles que no hablaran en el nombre de Jesús.

La respuesta natural de la mayoría de la gente cuando es tratada tan injustamente como lo fueron estos apóstoles sería la indignación. No habían hecho nada incorrecto; de hecho, simplemente habían ayudado a un hombre necesitado y hablado palabras verdaderas

GAMALIEL

Gamaliel el Mayor era un conocido y respetado maestro de la ley. Aunque era miembro de los fariseos, servía en el Concilio Supremo, que estaba compuesto en gran parte por saduceos. Gamaliel se diferenció de sus compañeros fariseos en que abrazó una interpretación más compasiva de la ley judía. Sostuvo que las leyes del día de descanso, rigurosamente aplicadas por los fariseos, debían interpretarse con mayor compasión y realismo, que los judíos debían ser amables con los gentiles, y que la ley debía ser más protectora para las mujeres. También fue maestro de Saulo, quien más tarde se convirtió en el apóstol Pablo. La carrera inicial de Saulo, persiguiendo a los cristianos, indica que las enseñanzas de Gamaliel de paciencia y bondad no penetraron inmediatamente en el joven agitador. Gamaliel murió alrededor del año 52 d. C.

que daban vida. Sin embargo, ellos sufrieron la vergüenza pública, el encarcelamiento y la brutalidad. Pero en lugar de quejarse, «los apóstoles salieron del Concilio Supremo con alegría, porque Dios los había considerado dignos de sufrir deshonra por el nombre de Jesús» (Hechos 5:41). Por otra parte, no se retractaron ni un ápice de su compromiso con Jesús. Inmediatamente volvieron a su trabajo, enseñando la Buena Noticia de Jesucristo tanto públicamente en el templo como en privado en los hogares de toda Jerusalén.

✝ ✝ ✝

La gravedad del pecado y el gozo del sufrimiento

Eclesiastés 10:1 dice: «Así como las moscas muertas apestan todo un frasco de perfume, una pizca de necedad arruina gran sabiduría y honor». Es de este versículo que sacamos la expresión «una mosca en el perfume», una descripción apropiada de la historia de Ananías y Safira. A causa de su codicia y su engaño, el hermoso aroma de la iglesia naciente se estropeó por el mal olor del pecado. El pecado pudo haber parecido oculto, pero no estaba oculto ante Dios. El castigo fue severo, una manifestación del desagrado de Dios por la insinceridad y su amenaza a la vida de la iglesia. Cuando el engaño se instala en la iglesia, Dios se va de allí.

Enseñanzas de una historia dramática

Sí, la historia de Ananías y Safira es dramática e impactante. Pero si nos enfocamos solo en los eventos y nos perdemos las enseñanzas, vamos a dejar de aprender lo que la iglesia naciente nos puede enseñar acerca de seguir a Dios hoy.

La estrategia de Satanás

La Biblia dice que Satanás usa estrategias variadas en sus ataques contra el pueblo de Dios (2 Corintios 2:11; Efesios 6:11). Sin embargo, como el «padre de la mentira», su estrategia número uno es el engaño. El erudito bíblico John Phillips dice: «El engaño estaba en la raíz del pecado de Ananías. La expresión del lenguaje de Satanás es la mentira, el engaño es su mayor recurso. Este primer ataque a la iglesia desde adentro estaba en consonancia con su carácter y su metodología»[1].

No debemos ser tan ingenuos como para pensar que Satanás ya no usa sus estrategias contra el pueblo de Dios. Aún planea destruir la obra de Dios al dividir, desacreditar, desalentar y destruir la iglesia. Cuando la iglesia apenas estaba empezando, Satanás trató de destruirla a través del Concilio Supremo, y fracasó. Luego trató de deshonrarla a través de Ananías y Safira, y fracasó. En ambos casos, la iglesia siguió creciendo. Pero Satanás no dejará de intentarlo. Debemos permanecer vigilantes y alerta contra sus estrategias engañosas y destructivas (1 Pedro 5:8).

LA GRAVEDAD DEL PECADO

Cuando Ananías trató de engañar a la iglesia, el apóstol Pedro lo reprendió, diciendo: «¡No nos mentiste a nosotros sino a Dios!» (Hechos 5:4). El hecho es que todo pecado es, en última instancia, contra Dios, y es por eso que es tan grave. John Phillips explica: «El pecado siempre es grave. Sin embargo, su gravedad siempre es proporcional a la dignidad de la persona contra la que se comete el pecado. Decir una mentira es algo grave, más grave aún es mentirle a un juez; pero mentirle a Dios implica una gravedad que sobrepasa las palabras»[2]. El pastor y autor Colin Smith nos proporciona una ilustración acorde a nuestros días para ayudarnos a entender esta verdad.

Supongamos que un estudiante de secundaria golpea a otro alumno en clase. ¿Qué sucede? Al estudiante se le da un castigo. Supongamos que durante el castigo, este muchacho golpea al profesor. ¿Qué sucede? El estudiante es suspendido de la escuela. Supongamos que en el camino a casa, el

mismo chico golpea a un policía en la nariz. ¿Qué sucede?
Se encuentra en la cárcel. Supongamos que unos años más
tarde, el mismo chico está en medio de una multitud que
espera ver al presidente de los Estados Unidos. Cuando el
presidente pasa, el muchacho se lanza hacia él para golpearlo.
¿Qué sucede? Es asesinado a tiros por el servicio secreto[3].

Con los años, muchas personas me han preguntado si el juicio de
Dios a Ananías y Safira no fue demasiado extremo. Me gusta contes-
tar, «No en la gran dimensión de la Escritura, si entendemos la gloria
de Dios y la naturaleza del pecado». El juicio de Dios contra Ananías
y Safira debe tomarse como lo que es: un recordatorio de que Dios
odia el pecado y es sumamente misericordioso con nosotros cuando
pasa por alto nuestras rebeliones.

El gran predicador Donald G. Barnhouse sugiere otra razón por
la cual este castigo fue tan severo. La iglesia estaba empezando, y en
esas etapas iniciales era necesario establecer firmemente el estándar
de santidad y pureza de Dios. El pecado de esta pareja era como un
cáncer en la iglesia naciente. Si no se trataba, se extendería. La cirugía
inmediata era necesaria para preservar la salud y la vitalidad de la iglesia. Las muertes de Ananías y Safira fueron recordatorios específicos
para la joven iglesia de que Dios toma en serio el pecado, y que sus
miembros deben asumir también seriamente su compromiso con él.

Regocijo en el sufrimiento

Cuando el concilio liberó a Pedro y a Juan, estos dos hombres habían
pasado por una prueba severa. Fueron arrestados y habían pasado la
noche en una horrible prisión. Luego de haber sido puestos en libertad, los arrestaron de nuevo, los interrogaron y los golpearon brutalmente. Sin embargo, después de todo eso, «salieron del Concilio
Supremo con alegría, porque Dios los había considerado dignos de
sufrir deshonra por el nombre de Jesús» (Hechos 5:41).

¿Cómo podría alguien querer ser digno de sufrimiento como si fuera una recompensa por un logro? En sí mismo, el sufrimiento no es algo bueno. No fue una parte del propósito original de Dios para los seres humanos. Él creó al mundo libre de dolor, enfermedad, discordia y conflicto. Los apóstoles no se estaban regocijando por el sufrimiento en sí; en vez de eso, se estaban regocijando por lo que significaba su sufrimiento. Sabían que la verdad que predicaban era contraria a las creencias y las opiniones prevalecientes en Jerusalén. Así que cuando se encontraron con el sufrimiento como resultado de su predicación, era una señal segura de que estaban haciendo algo correcto. Se encontraban ante la resistencia natural de un mundo caído a un mensaje divino, y el sufrimiento resultante fue una medalla de honor por persistir en proclamarlo. A través de su sufrimiento, oyeron la aprobación de Dios: «Bien hecho».

Podemos regocijarnos en el sufrimiento porque este prueba la autenticidad de nuestra fe. El Nuevo Testamento nos ofrece al menos otras cuatro razones por las que podemos afrontar las pruebas de la vida con alegría en nuestros corazones.

EL SUFRIMIENTO PRODUCE CRECIMIENTO EN NUESTRA VIDA

La Biblia dice que cuando sufrimos por la justicia, experimentamos crecimiento. Las mejores lecciones son las que aprendemos en tiempos difíciles. La mayoría de nosotros realmente no aprendemos bien en la prosperidad y los buenos momentos. Pablo escribe: «También nos alegramos al enfrentar pruebas y dificultades porque sabemos que nos ayudan a desarrollar resistencia. Y la resistencia desarrolla firmeza de carácter, y el carácter fortalece nuestra esperanza segura de salvación. Y esa esperanza no acabará en desilusión. Pues sabemos con cuánta ternura nos ama Dios, porque nos ha dado el Espíritu Santo para llenar nuestro corazón con su amor» (Romanos 5:3-5). Las palabras de Santiago hacen eco de esta verdad encontrada en Romanos: «Amados hermanos, cuando tengan que enfrentar cualquier tipo de problemas, considérenlo como un tiempo para alegrarse mucho porque ustedes saben que, siempre que se pone a prueba la fe, la constancia tiene una oportunidad para desarrollarse» (Santiago 1:2-3).

Santiago no está diciendo que debemos regocijarnos por el dolor en sí; debemos regocijarnos porque los propósitos de Dios se van cumpliendo en nuestras vidas. Tenemos que aprender a mirar nuestras dificultades desde el punto de vista de Dios y reconocer que, aunque la prueba no es una experiencia feliz en sí, es la forma que Dios usa para producir en nosotros algo de gran valor.

EL SUFRIMIENTO BRINDA OPORTUNIDADES PARA TESTIFICAR

Cuando el apóstol Pablo estaba en la cárcel por hablar con valentía acerca de Cristo, escribió: «Mis amados hermanos, quiero que sepan que todo lo que me ha sucedido en este lugar ha servido para difundir la Buena Noticia. Pues cada persona de aquí —incluida toda la guardia del palacio— sabe que estoy encadenado por causa de Cristo» (Filipenses 1:12-13).

Cuando las personas sufren a causa del evangelio, a menudo es un catalizador para llevar a otros a ir a Cristo. El músico Michael Card cuenta la historia de un hombre musulmán llamado José que fue ganado para Cristo. Estaba tan entusiasmado por su nueva relación con Dios que comenzó a proclamar a Cristo en su aldea. Fue severamente golpeado por sus vecinos y dejado por muerto fuera del pueblo. Volvió a los pocos días pensando que había confundido el mensaje del evangelio de alguna manera y comenzó a predicar de nuevo. Por segunda vez fue golpeado y dejado por muerto fuera de su aldea. Luego de su recuperación varios días más tarde, entró de nuevo en el pueblo pero fue atacado antes de que pudiera hablar. Cuando volvió en sí después de la tercera paliza, descubrió que estaba en su propia cama, siendo atendido por las mujeres de su pueblo. Las personas estaban tan convencidas por su coraje y su voluntad de sufrir que todo el pueblo se volvió a Cristo[4].

EL SUFRIMIENTO GENERA VALENTÍA EN OTROS

El encarcelamiento de Pablo afectó poderosamente a sus amigos, inspirando a muchos de ellos a predicar el evangelio con gran valentía: «Dado que estoy preso, la mayoría de los creyentes de este lugar han aumentado su confianza y anuncian con valentía el mensaje de Dios sin temor» (Filipenses 1:14).

Se cuenta que Billy Graham dijo, «El valor es contagioso. Cuando un hombre valiente asume una posición, a menudo la columna vertebral de los demás se pone más rígida». ¿No es cierto? Cuando vemos a los demás actuar con valor, a menudo nosotros mismos nos envalentonamos. Y cuando los demás son testigos de la valentía en nosotros, algo de esa valentía puede transferirse a ellos también.

En su libro *Let the nations be glad!* (*¡Alégrense las naciones!*) el autor John Piper cuenta la historia de un misionero contemporáneo cuyo coraje en medio del sufrimiento inspiró a un número incontable de personas a seguir su ejemplo:

La ejecución del misionero de Wycliffe, Chet Bitterman, por el grupo guerrillero colombiano M-19 el 6 de marzo de 1981, desencadenó un increíble fervor por la causa de Cristo. Chet había estado preso durante siete semanas mientras que su esposa, Brenda, y sus pequeñas hijas, Anna y Esther, esperaban en Bogotá. El M-19 exigía que Wycliffe debía salir de Colombia.

Lo mataron justo antes del amanecer con una sola bala al pecho. La policía halló su cuerpo en el autobús donde murió, en una zona de estacionamiento al sur de la ciudad. Estaba limpio y afeitado, con semblante tranquilo. Una bandera de la guerrilla rodeaba sus restos. No tenía señales de tortura.

Durante el año que siguió a la muerte de Chet, «se duplicaron las solicitudes para servir en el extranjero

con el grupo de traductores bíblicos de Wycliffe». [. . .]
No es el tipo de movilización misionera que ninguno
de nosotros preferiría, pero así obra Dios. «De cierto, de
cierto os digo, que si el grano de trigo no cae en la tierra
y muere, queda solo; pero si muere, lleva mucho fruto»
(Juan 12:24, RVR60)[5].

EL SUFRIMIENTO NOS PREPARA PARA REINAR CON CRISTO

Jesús nos dice que debemos regocijarnos en la persecución porque
nos «espera una gran recompensa en el cielo» (Mateo 5:11-12). Pablo
dice que el sufrimiento debe venir antes de la gloria: «Somos herederos junto con Cristo de la gloria de Dios; pero si vamos a participar de su gloria, también debemos participar de su sufrimiento»
(Romanos 8:17). Sufrir persecución es ser un participante eventual
del gozo.

Pablo le dijo a Timoteo: «Si soportamos privaciones, reinaremos
con él» (2 Timoteo 2:12). Con estas palabras, Pablo estaba recordándole a su joven protegido que el sufrimiento precede, y produce,
mayores responsabilidades. Si en el proceso de ser un seguidor de
Cristo usted enfrenta persecución, recuerde que puede alegrarse porque usted está siendo preparado para algo mayor: ¡el cielo!

CAPÍTULO 6

LA MUERTE DE UN SIERVO

✝ ✝ ✝

La historia del primer
mártir cristiano

Hechos 6–8:4

LA IGLESIA DE JERUSALÉN estaba creciendo mucho más rápido que las más altas expectativas de los apóstoles, y era claro que el Espíritu Santo estaba obrando. Solo había un problema: los apóstoles estaban cansados, y su agotamiento crecía cada día. Mientras el grupo de creyentes era pequeño, los doce apóstoles no tuvieron problemas con encargarse de las responsabilidades de la iglesia naciente. Pero a medida que el número de creyentes creció, también creció la demanda del tiempo de los apóstoles.

Jesús les había encargado que predicaran la Buena Noticia del evangelio, comenzando en Jerusalén y luego en todo el mundo. Pero recientemente habían logrado predicar muy poco, incluso en Jerusalén. Una necesidad tras otra los mantenía corriendo: ayudar a una nueva familia a hallar refugio, arbitrar las disputas entre los conversos de Asia y Alejandría, supervisar la recopilación y la distribución de donaciones. Tal crecimiento explosivo era un problema maravilloso, pero aun así seguía siendo un problema.

Para colmo, había surgido un desacuerdo entre los cristianos hebreos y los conversos de habla griega. Los griegos afirmaban que los hebreos estaban ignorando a sus viudas en la distribución diaria de alimentos (Hechos 6:1). Agravando la queja había una división cultural entre los dos grupos. Los creyentes hebreos hablaban arameo y leían las Escrituras en hebreo, mientras que el otro grupo hablaba griego y leía la traducción griega. Es posible que también hubiera habido un toque de condescendencia de parte de la facción hebrea que enfadó a la minoría griega.

El conflicto entre las dos facciones fue el punto culminante para los apóstoles. Tenían que encontrar una solución a la creciente carga administrativa. La solución fue idéntica al consejo que Moisés había recibido de su suegro, Jetro, catorce siglos antes: era hora de delegar.

Los apóstoles reunieron a la multitud de creyentes y les dijeron: «Nosotros, los apóstoles, deberíamos ocupar nuestro tiempo en enseñar la palabra de Dios, y no en dirigir la distribución de alimento. Por lo tanto, hermanos, escojan a siete hombres que sean muy respetados, que estén llenos del Espíritu y de sabiduría. A ellos les daremos esa responsabilidad. Entonces nosotros, los apóstoles, podremos dedicar nuestro tiempo a la oración y a enseñar la palabra» (Hechos 6:2-4). Los creyentes eligieron a Esteban, a Felipe, a Prócoro, a Nicanor, a Timón, a Pármenas y a Nicolás. Una vez terminaron la selección, los apóstoles pusieron sus manos sobre estos hombres y oraron por ellos, y enseguida empezaron su trabajo.

A juzgar por sus nombres, todos estos hombres probablemente eran griegos. Ya que ellos eran los que sentían que su gente estaba siendo menospreciada, la elección de creyentes griegos para resolver el problema era una demostración de humildad de parte de la mayoría hebrea. Dos de estos hombres se convierten en actores claves en el libro de los Hechos: Felipe, a quien conoceremos en el capítulo siguiente, y Esteban, quien llegó a ser conocido por mucho más que la distribución de alimentos.

Esteban bajo fuego

Esteban era más que un simple mesero. Aunque realizaba esta tarea de buena gana, tenía una amplia gama de talentos y habilidades. Era «un hombre lleno de la gracia y del poder de Dios» y «hacía señales y milagros asombrosos entre la gente» (Hechos 6:8). Él y Felipe, su compañero diácono, son los únicos en el Nuevo Testamento de los que, no siendo apóstoles, se dice que realizaron milagros. Como diácono que cuidaba a los creyentes enfermos y sufrientes, Esteban probablemente realizó sanidades milagrosas entre ellos.

Entre los talentos de Esteban estaba la enseñanza pública, y fue muy eficaz en eso. En cierto sentido, se podría decir que era demasiado eficaz para su propio bien. Su predicación pronto atrajo la oposición de un grupo de judíos de la sinagoga de los Esclavos Liberados. Parece que estos líderes judíos, temerosos de que el poderoso mensaje de Cristo que Esteban predicaba socavaría su religión, lo retaron a un debate formal.

Ese fue su gran error. Rápidamente se dieron cuenta que no estaban al nivel de Esteban. Él no solo conocía su materia por dentro y por fuera, sino que su conocimiento de la historia y la religión judía

¿QUÉ ES UN DIÁCONO?

El Nuevo Testamento designa solo dos cargos oficiales para la iglesia cristiana. El primero es anciano, también llamado pastor u obispo. El segundo es diácono. Este oficio se originó en la iglesia de Jerusalén en Hechos 6 y se convirtió en una posición formal cuando la iglesia creció. Los requisitos específicos para los diáconos se encuentran en 1 Timoteo 3.

igualaba el de ellos. Fue capaz de tomar todos los argumentos que tenían en contra de Cristo y revertirlos, mostrando cómo el judaísmo estaba destinado a preparar el camino para la llegada de Cristo.

La lógica de Esteban era irrefutable, y «ninguno de ellos podía hacerle frente a la sabiduría y al Espíritu con que hablaba Esteban» (Hechos 6:10). Ellos estaban enojados; él era agradable. Ellos eran bulliciosos y ásperos; él estaba tranquilo. Ellos eran insultantes; él era respetuoso. La actitud de Esteban probablemente añadió leña al fuego de sus antagonistas. Es difícil recibir la derrota de las manos de alguien que está lleno de alegría.

A continuación, estos líderes de la sinagoga hicieron lo que hacen muchas personas cuando pierden un debate. Incapaces de ganar por mérito de sus propios argumentos, recurrieron al engaño. Pusieron en marcha una campaña de desprestigio en contra de Esteban, tergiversando y torciendo sus palabras. Encontraron personas que estaban dispuestas a difundir mentiras acerca de Esteban y los indujeron, probablemente con dinero, a decir: «Nosotros lo oímos blasfemar contra Moisés y hasta contra Dios» (Hechos 6:11).

LAS SINAGOGAS JUDÍAS

Cuando el templo fue destruido, los judíos exiliados en Babilonia comenzaron a adorar en lugares locales de reunión llamados sinagogas. En estas asambleas, la gente leía la Escritura y escuchaba enseñanza al respecto. Las sinagogas también sirvieron como lugares de reunión pública, tanto como los salones municipales o las plazas públicas. Durante el tiempo de Esteban, Jerusalén llegó a tener 480 sinagogas. La sinagoga de los Esclavos Liberados, que se menciona en Hechos 6:9, estaba compuesta en gran parte por los judíos que en otro tiempo habían sido esclavos en Roma, Cirene, Alejandría, Cilicia y las provincias romanas en Asia Menor.

Su conspiración funcionó. Los rumores corrieron por toda la ciudad hasta que el pueblo judío, los ancianos y los maestros de la ley religiosa se indignaron de que otro seguidor de Jesús fuera a destruir su religión.

Esteban debía ser detenido. Los líderes lo atraparon y lo arrastraron ante Caifás y el Concilio Supremo. Ya tenían testigos falsos dispuestos a darle un giro a las palabras de Esteban y de esa manera asegurar la furia del concilio. Después de este desfile de mentiras, acusaron a Esteban de cuatro cargos de blasfemia. En primer lugar, dijeron los líderes de la sinagoga, había blasfemado contra Moisés y contra Dios. En segundo lugar, había blasfemado contra el templo, diciendo que Jesús algún día lo destruiría. En tercer lugar, había blasfemado contra la ley. Y, por último, había blasfemado contra la religión judía al afirmar que Jesús socavaría los rituales que habían practicado durante siglos.

El concilio se volteó hacia Esteban para escuchar su respuesta. No hay duda de que esperaban verlo aterrorizado. Estas eran acusaciones graves; la blasfemia era, de hecho, una ofensa castigable con la muerte según la ley judía. Pero cuando lo miraron, su rostro adquirió el aura de un ángel (Hechos 6:15).

¿Qué podría significar esto? Probablemente no era que su cara se viera como los ángeles que vemos en las tarjetas de felicitación y pinturas: seres suaves y afeminados que miran hacia arriba con contentamiento, con las manos juntas en delicada devoción. En la Biblia, cuando los ángeles se le aparecen a la gente, lo primero que dicen es: «No tengan miedo». ¿Por qué dicen esto? Aparentemente, porque ver a un ángel es una experiencia aterradora. Los ángeles suelen aparecer tan brillantes y luminosos como un rayo, y lo suficientemente poderosos como para destruir ciudades. Sin duda, el aspecto angelical en el rostro de Esteban era uno de valentía, poder, seguridad, certidumbre e inteligencia. O es posible que su rostro brillara tal como el de Moisés después de que pasó cuarenta días en una montaña en la presencia de Dios (Éxodo 34:29).

No hay duda de que Caifás y el concilio se sentían más frustrados de lo que podían soportar al ver que Esteban no se dejaba intimidar. *¿Qué es lo que tiene esta gente?* deben haber pensado. Esta era la cuarta vez que individuos de este problemático movimiento eran traídos ante ellos. En una ocasión habían enfrentado a Jesús mismo, en dos ocasiones a sus discípulos Pedro y Juan, y ahora a este hombre, Esteban. Cada uno de ellos había estado tranquilo, seguro y completamente sin miedo. Era exasperante.

«¿Son ciertas estas acusaciones?», preguntó Caifás.

Sin dudarlo, Esteban se acercó y dio inicio a su brillante defensa.

El juicio de Esteban

«Hermanos y padres, escúchenme», empezó Esteban. «Nuestro glorioso Dios se le apareció a nuestro antepasado Abraham en Mesopotamia antes de que él se estableciera en Harán» (Hechos 7:2).

Caifás y el consejo deben haber puesto sus ojos en blanco. Sin embargo, otro seguidor de Jesús (un griego, por cierto) estaba a punto de darles a ellos, los eruditos y maestros de la ley, una lección de historia judía. Ya la habían oído dos veces de Pedro y de Juan, los pescadores. Pero como estaban a punto de verlo, el discurso de Esteban era algo más que solo un recuento de la historia de Israel. Era una respuesta directa y elocuente a cada una de las acusaciones en su contra.

Para responder al primer cargo de blasfemia contra Moisés y contra Dios, Esteban comenzó a contar la historia de los grandes patriarcas de Israel: desde Abraham, a quien Dios había hecho el padre de su nación, hasta Moisés, a través de quien Dios había guiado a los israelitas a salir de la esclavitud en Egipto. Esteban habló de Dios alimentando a los israelitas en el desierto y dándoles la ley, permitiéndoles que conocieran su voluntad.

Lejos de deshonrar a Dios o a Moisés, Esteban afirmó la fidelidad de Dios hacia Abraham y hacia su pueblo especial. En esencia, estaba diciendo: «¿Cómo pueden ustedes acusarme de blasfemar contra Dios cuando lo honro como el fundador y sustentador de toda nuestra nación?».

A continuación, Esteban se defendió de la acusación de blasfemia contra la ley. Señaló que fue Moisés quien recibió la ley de Dios en el monte Sinaí y se la trasmitió al pueblo. Con esta declaración, Esteban afirmó su honor a Moisés y reconoció a Dios como el legislador supremo. Y demostró, además, su respeto por la ley al referirse a ella como «palabras que dan vida» (Hechos 7:38).

Luego Esteban le dio la vuelta a la situación y le demostró al concilio que toda la historia de Israel, desde Moisés en adelante, había sido sórdida por su creciente falta de respeto por la ley de Dios. Dios repetidamente envió profetas para advertir a los israelitas que su desobediencia conduciría a la destrucción. Como ejemplo, citó al profeta Amós: «¿Acaso era a mí a quien traías sacrificios y ofrendas durante esos cuarenta años en el desierto? No, llevabas a tus dioses paganos, el santuario de Moloc, la estrella de tu dios Refán y las imágenes que hiciste a fin de rendirles culto. Por lo tanto, te mandaré al destierro, tan lejos como Babilonia» (Hechos 7:42-43).

Esteban insistió en que nunca había hablado contra la ley. Se había limitado a seguir el ejemplo de los profetas y había hablado de las consecuencias para aquellos que las quebrantaran. Estos líderes de la nación judía eran quienes blasfemaban la ley, porque se negaban a creer en Cristo, a quien toda la Escritura predijo.

En su defensa ante la acusación de blasfemia contra el templo judío, Esteban hizo una breve historia del templo, comenzando con su precursor, el portátil lugar de culto conocido como el tabernáculo, y finalizando con el permanente templo de Salomón en Jerusalén.

Luego Esteban audazmente acusó al concilio de distorsionar el propósito del templo. Ellos pensaban que Dios moraba solo dentro del templo y en ninguna otra parte. Pero esta forma de pensar demostraba una vez más la indiferencia del concilio hacia sus propias Escrituras. Esteban citó a Isaías, retomando las palabras de Dios:

> «El cielo es mi trono
> y la tierra es el estrado de mis pies.
> ¿Podrían acaso construirme un templo tan bueno como ese?
> —pregunta el Señor—.
> ¿Podrían construirme un lugar de descanso así?
> ¿Acaso no fueron mis manos las que hicieron el cielo y
> la tierra?».

HECHOS 7:49-50

Estos líderes judíos habían ignorado las palabras de Isaías y habían elevado su templo hasta el punto de minimizar a Dios. ¡Hablando de blasfemia! No podía haber algo peor que pensar que podían confinar al Dios que creó el universo a un edificio construido por ellos mismos.

La defensa de Esteban contra los tres primeros cargos fue tan completa que no se molestó en tratar el cuarto cargo de socavar las tradiciones judías. Su completo análisis de la historia de Israel mostró su profundo respeto por todas las tradiciones de Israel: Dios, Moisés, la ley y el templo.

Esteban había terminado su defensa, pero aún tenía un mensaje más para ofrecer. No era el mensaje que estos líderes querían oír, pero Esteban estaba dispuesto a darlo, sin que importaran las consecuencias. Se volteó hacia los líderes judíos y lanzó contra ellos una acusación mortal: «¡Pueblo terco! Ustedes son paganos de corazón y sordos a la verdad. ¿Resistirán para siempre al Espíritu Santo?» (Hechos 7:51).

No hay duda de que Esteban sabía que nunca saldría de sus garras con vida, y estaba decidido a usar su último aliento entregando la verdad de Dios. Les dijo que eran como sus antepasados, que repetidamente habían hecho caso omiso de la ley de Dios. «¡Mencionen a un profeta a quien sus antepasados no hayan perseguido!», declaró. «Hasta mataron a los que predijeron la venida del Justo, el Mesías a quien ustedes traicionaron y asesinaron. Deliberadamente desobedecieron la ley de Dios, a pesar de que la recibieron de manos de ángeles» (Hechos 7:52-53).

La implicación de las palabras de Esteban fue tan clara como el cristal para estos hombres. Esteban había invertido la situación. Los estaba acusando a ellos de ser los que habían blasfemado contra Dios, Moisés, la ley y el templo al rechazar al Mesías, a quien todo el Antiguo Testamento y las tradiciones judías señalaban.

Veredicto injusto para Esteban

Al responder a la acusación de Esteban, el Concilio Supremo arremetió como un animal herido. Los miembros del concilio no hicieron preguntas aclaratorias. No trataron de refutar alguno de los puntos de Esteban o de contrarrestar sus declaraciones. No se detuvieron a deliberar o dialogar entre sí. Ni siquiera siguieron el procedimiento de emitir un dictamen formal. En vez de eso, estos distinguidos líderes judíos «se enfurecieron por la acusación de Esteban y con rabia le mostraban los puños» (Hechos 7:54).

Mientras observaba a estos hombres supuestamente racionales perder el control de sí mismos, Esteban sabía que estaba en los últimos momentos de su vida. Entonces Dios, en su amor y gracia, concedió a este valiente hombre una visión celestial. Esteban miró hacia arriba y exclamó, «¡Miren, veo los cielos abiertos y al Hijo del Hombre de pie en el lugar de honor, a la derecha de Dios!» (Hechos 7:56).

Fue entonces que desapareció todo vestigio de cordura entre los líderes judíos. Se taparon los oídos, gruñendo como animales voraces para ahogar la voz de Esteban. Comprendieron que cuando Esteban dijo que Cristo estaba sentado a la diestra de Dios, estaba afirmando que Cristo era igual a Dios. No podían soportar oír esto. «Se lanzaron sobre él, lo arrastraron fuera de la ciudad y comenzaron a apedrearlo» (Hechos 7:57-58).

La palabra *lanzaron*, en este pasaje, proviene de la misma palabra griega que se usa para describir a los cerdos endemoniados que se zambulleron a la muerte en Mateo 8:32. La predicación veraz de un solo hombre redujo al máximo tribunal de Israel a una turba depravada de bestias rabiosas.

Arrastraron a Esteban fuera de la cámara del concilio y lo llevaron a las afueras de la ciudad para apedrearlo. Había un procedimiento rigurosamente prescrito para apedrear a un ofensor, pero, en su locura, estos meticulosos guardianes de la ley ignoraron todo el protocolo. Se arrancaron las túnicas, levantaron grandes rocas y comenzaron a arrojárselas a este hombre a quien no pudieron silenciar de ninguna otra manera.

Aunque las piedras golpeaban su cabeza y sus extremidades, laceraban su piel y rompían sus costillas y sus huesos, Esteban logró permanecer de pie hasta que oró, «Señor Jesús, recibe mi espíritu» (Hechos 7:59). Finalmente, incapaz de seguir en pie, Esteban cayó de rodillas y gritó sus últimas palabras: «¡Señor, no los culpes por este pecado!» (Hechos 7:60). Luego se derrumbó en un bulto sangriento y murió.

Cuando los jadeantes líderes judíos finalmente dejaron caer sus piedras y se alejaron, unos varones devotos de la iglesia se acercaron y enterraron el cuerpo de Esteban. La iglesia lamentó mucho la pérdida de uno de sus mejores miembros.

La multiplicación continúa

El resentimiento contra la iglesia incitado por los líderes de la sinagoga no desapareció con la muerte de Esteban. Continuaron rondando los rumores de que el movimiento de Jesús estaba decidido a socavar la fe judía y a destruir el templo. Los líderes habían eliminado a uno de los portavoces más eficaces del movimiento, pero eso solo los llevó a perseguir a otros también. Se propusieron destruir a la floreciente iglesia y ponerle fin a la amenaza que representaba a su cómoda forma de vida.

Como resultado de la persecución masiva, los creyentes comenzaron a huir para salvar sus vidas y se reubicaron en otras ciudades de Judea y Samaria. Los apóstoles permanecieron en Jerusalén para capear el temporal y mantener un centro estable para la iglesia en dispersión.

No hay duda que los líderes judíos estaban encantados con la fuga de los creyentes. Seguramente su ciudad pronto estaría purificada de este contagioso cáncer. Pero sus esfuerzos tuvieron un efecto que no previeron: los creyentes dispersos «predicaban la Buena Noticia acerca de Jesús adondequiera que iban» (Hechos 8:4). Según los cálculos de los líderes judíos, iban a disminuir la iglesia. Pero Dios tenía otros planes: él estaba multiplicándola.

MUERTE POR LAPIDACIÓN

La lapidación fue la pena establecida en el Antiguo Testamento para los pecados capitales, incluyendo idolatría, hechicería y blasfemia (Levítico 20:2, 27; 24:14, 16). La lapidación implicaba un proceso de tres pasos. En primer lugar, el ofensor, con sus manos y pies atados, era empujado desde una plataforma alta al suelo pedregoso. A menudo, la caída le rompía el cráneo, causándole la muerte. Si eso no sucedía, se implementaba el segundo paso: el delincuente era puesto sobre su espalda y se dejaba caer una gran roca sobre su pecho. Esto aplastaba sus costillas y sus órganos vitales. Si eso fallaba, la lapidación pasaba al tercer paso: toda la multitud reunida a su alrededor lanzaba piedras contra el delincuente hasta causarle la muerte.

✣ ✣ ✣

La gloria de ser un siervo

Peggy Noonan era una escritora de discursos para el expresidente Ronald Reagan. Como alguien que tenía contacto regular con el presidente, se le preguntaba a ella constantemente acerca de la clase de hombre que era. En estas situaciones, a menudo contaba la «historia del baño», que dice así:

> Pocos días después de que el presidente Reagan recibió un disparo, cuando estuvo lo suficientemente bien como para salir de la cama, se dirigió al baño que se conectaba a su habitación y se echó un poco de agua en la cara para despertarse. En el proceso derramó un poco de agua fuera del lavabo y por todo el piso. Así que tomó algunas toallas de papel y se arrodilló en el suelo para limpiarla.
>
> Un asistente fue a ver al Presidente y allí estaba, en el suelo, limpiando con toallas de papel el agua que se había derramado fuera del lavabo. El ayudante le dijo: «Sr. Presidente, ¿qué está haciendo? Deje que la enfermera limpie eso».
>
> Sin embargo, él dijo, «Oh, no. Yo hice este reguero y odiaría que la enfermera tuviera que limpiarlo».

Ronald Reagan era el líder más poderoso del mundo, sin embargo, estaba marcado por un carácter sorprendentemente humilde. A los ojos de Noonan, el presidente Reagan era un gran hombre porque prefería servir que ser servido[1].

La grandeza del servicio

El libro de los Hechos nos cuenta acerca de los primeros diáconos, hombres de la iglesia elegidos para distribuir alimentos a los necesitados. La Biblia nos dice que estos siervos eran necesarios para que los apóstoles pudieran continuar el trabajo para el cual Cristo los había entrenado específicamente, que era predicar y enseñar.

La forma típica de organización jerárquica nos puede llevar a interpretar de manera equivocada este incidente, como si los apóstoles estuvieran diciendo: «Nuestra posición es demasiado elevada para rebajarnos a tales tareas serviles. Necesitamos subordinados para que hagan estos trabajos». Esa no fue su actitud en absoluto, lo que podemos ver en el hecho de que ellos mismos habían estado al servicio de los más necesitados hasta que la carga interfirió con su llamado principal.

Hubo una época cuando estos apóstoles miraban las cosas de manera totalmente diferente. Cuando se reunieron en el aposento alto para su última cena de Pascua con Jesús, no habían contratado a ningún siervo para que lavara sus pies. Ellos usaban sandalias y viajaban a pie, lo que hacía que sus pies se cubrieran rápidamente de polvo. Nadie estaba dispuesto a realizar la humilde tarea de lavar los pies de los demás. ¿Por qué tendrían que postrarse de rodillas como una criada común?

Luego Jesús mismo le dio un giro a todas las ideas de servidumbre, cambiándolas completamente para ellos y para nosotros, cuando llenó un recipiente con agua, se puso de rodillas y lavó los pies sucios de sus discípulos. ¿Puede imaginarlo? Aquí estaba Dios mismo, quien había venido a salvar al mundo entero, lavando los pies de los pecadores a quienes había venido a salvar.

Jesús ilustró con esto un principio que había compartido con sus discípulos después de una de sus disputas: «El que quiera ser líder entre ustedes deberá ser sirviente, y el que quiera ser el primero entre ustedes deberá convertirse en esclavo. Pues ni aun el Hijo del Hombre vino para que le sirvan, sino para servir a otros y para dar su vida en rescate por muchos» (Mateo 20:26-28).

Tanto los apóstoles como Esteban comprendieron este principio.

Es por eso que Esteban, con sus muchos talentos, estaba dispuesto a servir en cualquier lugar que se le necesitara, ya fuera el trabajo servil de la entrega de alimentos o la peligrosa tarea de difundir el evangelio de Cristo. En su servicio y en su muerte, fue un brillante ejemplo de abnegación y servicio.

Dwight L. Moody dijo una vez: «La medida de un hombre no es cuántos siervos tiene, sino a cuántos hombres sirve». Y Moody era un hombre cuya vida encarnaba sus palabras. En su libro *A Call to Excellence* (Un llamado a la excelencia), Gary Inrig cuenta esta historia:

Un gran grupo de pastores europeos llegó a una de las conferencias bíblicas de D. L. Moody a finales del siglo xix. Siguiendo la costumbre europea de la época, cada invitado puso sus zapatos fuera de su habitación para que fueran limpiados por los sirvientes del pasillo durante la noche. Pero, por supuesto, estaban en los Estados Unidos, y no había sirvientes del pasillo.

Caminando por el pasillo de los dormitorios esa noche, Moody vio los zapatos y decidió no avergonzar a sus hermanos. Refirió la necesidad a algunos estudiantes ministeriales que estaban allí, pero se encontró con silencio o excusas piadosas. Así que Moody regresó a los dormitorios, recogió los zapatos y, a solas en su habitación, el evangelista más famoso del mundo comenzó a limpiar y pulir los zapatos. Solo la llegada inesperada de un amigo en medio del trabajo reveló el secreto.

Cuando los visitantes extranjeros abrieron sus puertas a la mañana siguiente, sus zapatos estaban lustrados. Nunca supieron por quién. Moody nunca se lo dijo a nadie, pero su amigo lo contó a algunas personas, y durante el resto de la conferencia, diferentes hombres se ofrecieron a brillar los zapatos en secreto. Quizás el episodio da una idea fundamental de por qué Dios usó a D. L. Moody como lo hizo. Era un hombre con un corazón de siervo, y esa fue la base de su verdadera grandeza[2].

Pocos de nosotros tendremos el impacto que tuvieron Ronald Reagan o D. L. Moody, pero todos tenemos el potencial para ser grandiosos. Según Martin Luther King Jr., «Todo el mundo puede ser grande porque cualquiera puede servir. Usted no necesita tener un título universitario para servir. No tiene que hacer que el sujeto y el verbo concuerden para servir. No tiene que saber de Platón y Aristóteles. No tiene que conocer la teoría de la relatividad de Einstein. No tiene que saber la segunda ley de la termodinámica de la física. Solo necesita un corazón lleno de gracia. Un alma impulsada por el amor»[3].

El reto del servicio

La mayoría de nosotros no va a morir la muerte de un mártir, pero Jesús todavía nos llama a morir a nosotros mismos y a servirnos unos a otros en formas prácticas y, con frecuencia, ordinarias. El autor y pastor Calvin Miller describe con precisión el reto de servir a los demás: «Desafortunadamente, servir a la gente es la única manera en que podemos servir a Dios. Y servir a la gente significa que vamos a salir heridos en el proceso. Si no tenemos cuidado, el dolor que involucra nuestro servicio puede, en última instancia, llevarnos a despreciar a aquellos a quienes una vez fuimos llamados a amar. Charlie Brown tiene razón: todos queremos servir a Dios, pero puede ser terriblemente degradante servir a la gente para lograrlo»[4].

O, como dice el antiguo refrán:

Mi problema no es amar al mundo entero,
Mi verdadero problema es amar al vecino de al lado.

Sí, a menudo es más difícil amar a los que están más cerca de nosotros. Las ocupaciones de la vida pueden ser un inconveniente para que paremos y ayudemos a los que están «en medio de nuestro camino». Y cuanto más conocemos a alguien, más fácilmente nos cansamos o nos frustramos por las cosas que percibimos como sus debilidades o sus idiosincrasias.

Pero cuando servimos a los que están más cerca de nosotros, estamos cambiando al mundo. Piense cuán diferente sería el mundo si cada esposo simplemente sirviera y amara a su esposa, y animara y amara a sus hijos. O si cada familia se preocupara por el vecino de al lado. Aunque rara vez sea fácil o glamuroso, cuando amamos a los demás de manera humilde y común estamos teniendo un gran impacto en el mundo y reflejando la vida de Jesús, quien optó por no amar a la distancia, sino que se acercó a nosotros y nos amó cuando éramos despreciables.

El pastor y autor Gordon MacDonald cuenta una maravillosa historia sobre el estilo de vida de servicio diario que cada uno de nosotros puede procurar:

[Mi esposa], Gail, y yo estábamos en un avión [. . .] sentados casi en la parte posterior. [. . .] Mientras se hacía el abordaje del avión, una mujer con dos niños pequeños llegó por el pasillo para tomar el asiento justo delante de nosotros. Y detrás de ella, otra mujer. Las dos mujeres ocuparon los asientos A y C, uno de los niños se sentó en el asiento del medio, y el segundo hijo estaba en el regazo de una de las mujeres. Pensé que se trataba de dos madres que viajaban juntas con sus hijos, y yo esperaba que los niños no fueran ruidosos.

El vuelo comenzó y mi oración no fue contestada. Los dos niños tuvieron un tiempo difícil. El aire estaba turbulento, los niños lloraban mucho —sus oídos les dolían— y fue un vuelo terrible. Observé cómo estas dos mujeres seguían tratando de ayudar y consolar a estos niños. La mujer que estaba junto a la ventana jugó con la niña del asiento del medio, tratando de hacerla sentir bien y prestándole mucha atención.

Pensé, *estas mujeres se ganaron una medalla por lo que están haciendo*. Pero las cosas fueron cuesta abajo a partir de ahí. A medida que nos acercábamos a la parte final del vuelo, a la niña en el asiento del medio le dieron náuseas. Lo siguiente que supe fue que ella estaba desechando todo, de cada parte de su cuerpo. [. . .] No mucho tiempo después un hedor comenzó a esparcirse por la cabina. ¡Era insoportable!

Pude ver por la parte superior del asiento que cosas indescriptibles estaban encima de todo. Sobre la ropa de esta mujer. Sobre el asiento. En el suelo. Fue una de las cosas más repugnantes que había visto en mucho tiempo.

Vi como la mujer que estaba junto a la ventana consoló a la niña con paciencia e hizo lo mejor que pudo para limpiar el reguero y sacar provecho de una mala situación. El avión aterrizó y cuando llegamos a la puerta todos estábamos listos para salir de ese avión tan rápido como pudiéramos. La azafata se acercó con toallas de papel y se las entregó a la mujer en el asiento de la ventana y dijo: «Tome, señora, son para su niña».

La mujer dijo: «Esta no es mi niña».

«¿No están viajando juntas?»

«No, nunca antes en mi vida había visto a esta mujer y a estos niños».

De repente me di cuenta de que esta mujer simplemente había sido misericordiosa. [. . .] Había encontrado la oportunidad de dar misericordia. En las palabras de Cristo, era «la persona que era el prójimo»[5].

El premio por el servicio

El gran compositor húngaro del siglo xix Franz Liszt escribió un conmovedor poema sinfónico titulado «Les préludes» (Los preludios). Así es como describió el significado de la pieza, tal como se consigna en la partitura musical original: «¿Qué es nuestra vida sino una serie de preludios a un himno desconocido, del cual la primera nota solemne es la que entona la muerte?». En otras palabras, nuestra vida presente no es más que un preludio, una preparación. Estamos afinando nuestros instrumentos y perfeccionando nuestras habilidades para estar listos a unirnos a la orquesta en ese gran himno de la vida eterna. La muerte solo hace sonar la primera nota de esa sinfonía.

La vida de Esteban es un ejemplo brillante de lo que Liszt buscaba transmitir en su poema. Para Esteban, la muerte no era un horror. Aunque momentáneamente dolorosa, era la primera nota de su «siempre». O, en otra metáfora, fue su puerta de entrada a la vida para la cual él se había preparado a lo largo de su servicio a la iglesia.

Algunas traducciones de la Biblia describen el momento de la muerte de Esteban diciendo que «durmió». Este es un término común en el Nuevo Testamento para la muerte. Sin embargo, sabemos que realmente solo fue el cuerpo de Esteban que se quedó dormido. Su corazón dejó de latir y sus pulmones dejaron de respirar. Su cuerpo estaría «dormido» en la tumba hasta la resurrección final de todos los creyentes. El alma de Esteban, por otro lado, no se quedó dormida. Su interior permaneció muy vivo al pasar de una dimensión de realidad hacia una mayor.

Lo que Esteban vio momentos antes de esa transición nos da una de las más vívidas afirmaciones bíblicas de la existencia de una vida futura. Miró hacia arriba para ver «¡los cielos abiertos y al Hijo del Hombre de pie en el lugar de honor, a la derecha de Dios!» (Hechos 7:56). Puede ser significativo que Esteban viera a Cristo *de pie* a la diestra de Dios. Tanto el propio Jesús como el apóstol Pablo se refieren a Cristo sentado a la mano derecha de Dios como una indicación de su reinado eterno. El hecho de que Esteban lo vio de pie bien puede significar que se había levantado de su trono para darle la bienvenida a su querido y fiel sirviente, quien se había aferrado a él incluso cuando enfrentaba la muerte.

Si podemos mantener ante nuestros propios ojos la imagen de Cristo que Esteban vio, no debería haber ninguna dificultad, ni dolor, ni ridículo, ni persecución, ni obstáculo de algún tipo que nos disuadiera de ser fieles servidores de Cristo. Quiera Dios que podamos seguir el ejemplo de Esteban y permanecer firmes con Cristo sin importar qué tan caliente esté el fuego o qué tan pesadas puedan ser las piedras.

CAPÍTULO 7

EL PREDICADOR AMBULANTE

✝ ✝ ✝

La historia del primer
evangelista cristiano

Hechos 8

DESPUÉS DE LA MUERTE DE ESTEBAN, los creyentes se dispersaron
de Jerusalén para escapar de la campaña de los líderes judíos para
extinguir la iglesia.

Felipe, uno de los diáconos recién nombrados, huyó hacia el
norte, a Samaria. Este no era un destino deseable, ya que los judíos
observantes se esforzaban mucho para no tener nada que ver con
los samaritanos. En el primer siglo, los judíos tenían un desprecio
absoluto por los samaritanos, a quienes consideraban judíos mestizos,
de clase baja. Al viajar entre Judea y Galilea, los judíos tomaban el
camino largo que pasaba por las afueras de Samaria para evitar tener
contacto con los samaritanos, aunque hacerlo así casi duplicaba su
tiempo de viaje.

Aunque Felipe era judío, es posible que no compartiera este prejuicio, por haber nacido en un país de habla griega. No obstante,

incluso si hubiera sido criado con este prejuicio, su nueva fe abrió su corazón para amar a todas las personas, sabiendo que Jesús murió por ellos al igual que por él.

A su llegada a Samaria, Felipe no se quedó al margen. Se sumergió en la cultura y proclamó el mensaje que ahora era la pasión central de su corazón. Les dijo a estas personas rechazadas que el Mesías había llegado, que había muerto y resucitado, y que ahora ofrecía la redención del pecado y la vida eterna. Felipe atestiguaba la verdad de su mensaje mediante la realización de curaciones milagrosas y el expulsar demonios de las personas poseídas.

Felipe se encuentra con el hechicero

Vivía en Samaria en aquel tiempo un extraordinario hechicero llamado Simón, cuya hechicería asombraba a los habitantes de la ciudad. Era muy influyente y poseía un gran número de seguidores. También era un desvergonzado promotor de sí mismo y «decía ser alguien importante» (Hechos 8:9). Sus seguidores se creyeron el cuento, llamándolo «el Grande, el Poder de Dios» (Hechos 8:10). Simón era una figura dominante en Samaria y parecía tener a la gente totalmente bajo su control.

Entonces llegó Felipe, invadiendo el territorio de Simón y demostrando poderes de sanidad y control sobre los demonios que Simón no podía duplicar. Su magia oculta parecía insignificante en comparación. Los samaritanos comenzaron a alejarse de Simón y a seguir a Felipe. No solo estaban impresionados por los milagros de Felipe, sino que también se sentían atraídos por su mensaje. Estas personas que estaban acostumbradas a ser rechazadas por los judíos estaban abrumadas de que el Mesías que Israel había estado esperando los amaba y deseaba incluirlos en su reino. Leemos que «la gente creyó el mensaje de Felipe sobre la Buena Noticia acerca del reino de Dios y del nombre de Jesucristo. Como resultado, se bautizaron muchos hombres y mujeres» (Hechos 8:12).

SAMARIA

Samaria fue el nombre que se le dio tanto a una región como a la ciudad dominante dentro de esa región. Se encontraba entre las provincias judías de Galilea al norte y Judea al sur, y más o menos comprendía lo que hoy es Cisjordania en el centro de Israel. Samaria estaba poblada por un grupo de personas de ascendencia mixta. Seis siglos antes, cuando Israel fue conquistado por los asirios y el resto de los judíos fue enviado al exilio, solo los pobres se quedaron. Los samaritanos descendieron de estos judíos que se quedaron y se casaron con los asirios ocupantes, corrompiendo así la pureza de sus líneas sanguíneas y su religión. Los judíos despreciaban a los samaritanos porque los consideraban impuros, y evitaban toda interacción social con ellos.

Además de ser exitoso con la magia, Simón también era astuto porque observaba cómo funcionaban las personas. Aunque estaba alarmado por la amenaza que representaba Felipe para su influencia, sabía que no debía atacar al recién llegado cuyo mensaje y cuyas curaciones habían ganado el corazón de la gente. Más aún, Simón ansiaba tener el poder que vio demostrar a Felipe, y oponerse a él, sin duda, le impediría adquirirlo. Por lo tanto, Simón adoptó un acercamiento pragmático: decidió unir fuerzas con Felipe. Comenzaría por convertirse en un aprendiz, y luego trabajaría para ganar su confianza y adquirir el secreto de su poder.

Hechos 8:13 dice, «Luego el mismo Simón creyó y fue bautizado. Comenzó a seguir a Felipe a todos los lugares adonde él iba y estaba asombrado por las señales y los grandes milagros que Felipe hacía». Observe que Simón mostró todos los signos de alguien que

CÓMO VEÍA LA IGLESIA A LAS MUJERES

Según la tradición judía, solo los varones podían iniciarse ritualmente en la religión. Las mujeres estaban excluidas totalmente en cuanto a aceptación y participación, tanto en las ceremonias religiosas como en la sociedad. Estaban separadas en las sinagogas, no les permitían testificar en la corte, no tenían la oportunidad de ir a la escuela, y no podían iniciar un divorcio, pero sus maridos podían divorciarse de ellas. La vida de las mujeres tenía tan poco valor que Lot ofreció sus hijas a los sodomitas para proteger a sus invitados (Génesis 19:6-8). Un levita que fue amenazado por hombres depravados de la tribu de Benjamín les dio a su concubina para protegerse a sí mismo (Jueces 19:23-24). Los hombres judíos oraban de manera notoria: «Señor, gracias por no haberme hecho un gentil, un esclavo o una mujer». Pero Hechos 8:12 muestra que la iglesia del Nuevo Testamento aceptó a las mujeres como iguales. Más tarde el apóstol Pablo afirmó esta igualdad, diciendo que no hay diferencia de valor entre hombres y mujeres «porque todos ustedes son uno en Cristo Jesús» (Gálatas 3:28).

se ha arrepentido y convertido a Cristo de verdad: creyó, fue bautizado y lo siguió. Pero en su caso, los signos externos de un verdadero creyente enmascaraban un engaño en lo profundo de su corazón. Su «conversión» no se trataba de Jesús; se trataba de Simón. No quería el arrepentimiento; quería poder. Su profesión del cristianismo no era más que un paso hacia el cumplimiento de sus deseos egoístas.

El impostor es descubierto

Las noticias de la grandemente exitosa campaña evangelística de Felipe pronto llegaron a oídos de los apóstoles en Jerusalén. Enviaron a Pedro y a Juan a Samaria para ver si podían ayudar a Felipe. A su llegada, encontraron que aunque los samaritanos habían sido bautizados en el nombre de Cristo, ninguno de ellos había recibido el Espíritu Santo.

Esto podría haberle parecido extraño a los apóstoles. Las masas de gente que habían sido bautizadas en Pentecostés habían recibido el Espíritu Santo en el momento de su conversión, al igual que los posteriormente convertidos en Jerusalén. Pero ellos también sabían que Dios en su creatividad no está obligado a hacer lo mismo en todas las circunstancias, especialmente cuando está buscando satisfacer una necesidad en particular.

La evangelización de Samaria era uno de esos casos. Dios había retenido temporalmente al Espíritu Santo de los samaritanos para poder unirlos con sus hermanos y hermanas judíos. Entonces Pedro y Juan, obedientes a la voluntad de Dios, oraron para que recibieran al Espíritu Santo y les impusieron las manos. Entonces llegó el Espíritu Santo a la vida de estas personas que habían sido rechazadas por largo tiempo.

Cuando estos dos apóstoles, la clase de judíos que tradicionalmente habían desdeñado a los samaritanos, llegaron a Samaria y transmitieron un don precioso que ellos mismos habían recibido, esto marcó el final de los siglos de rechazo que habían soportado los samaritanos y el comienzo de una nueva era de aceptación. Ambos, judíos y samaritanos, estaban ahora totalmente aceptados como miembros de la familia de Dios: eran hermanos y hermanas en Cristo.

Simón miró con asombro esta impartición del Espíritu Santo. Era un nuevo poder, uno aún mayor que el que Felipe había exhibido. Nunca había visto nada igual, y quería poseerlo a cualquier precio. No más evasivas; no más juegos. Valientemente se acercó a Pedro y le ofreció un precio considerable. «Déjenme tener este poder también —exclamó—, para que, cuando yo imponga mis manos sobre las personas, ¡reciban el Espíritu Santo!» (Hechos 8:19).

Pedro no se anduvo con rodeos. Le dio una fuerte reprimenda

a Simón: «¡Que tu dinero se destruya junto contigo por pensar que es posible comprar el don de Dios! Tú no tienes parte ni derecho en esto porque tu corazón no es recto delante de Dios. Arrepiéntete de tu maldad y ora al Señor. Tal vez él perdone tus malos pensamientos, porque puedo ver que estás lleno de una profunda envidia y que el pecado te tiene cautivo» (Hechos 8:20-23).

Inmediatamente, todos los sueños de poder e influencia de Simón se derrumbaron como un castillo de arena, arrastrados por una ola de terror. Estaba en peligro de ser condenado por el mismo poder que había anhelado. «¡Oren al Señor por mí! —exclamó Simón—. ¡Que no me sucedan estas cosas terribles que has dicho!» (Hechos 8:24).

La Biblia no nos dice qué le sucedió a Simón después de esto. Su súplica angustiosa por las oraciones de Pedro parece estar motivada por el miedo, pero también parece sincera. El miedo no es el mejor motivador para acercarnos a Dios, porque su fuerza motriz es la preocupación por uno mismo en lugar del amor a Dios. Sin embargo, es un motivador que indica cierto nivel de verdadera fe. Reconoce la realidad de Dios y de su poder, lo que puede ser suficiente para llevar a alguien al pleno arrepentimiento y la conversión real. Dios usa cualquier método disponible para volvernos hacia él. Si el miedo nos hace buscarlo, él puede tomar nuestra mano y levantarnos, porque él mismo es el antídoto contra el miedo. «El amor perfecto expulsa todo temor» (1 Juan 4:18).

Un encuentro cara a cara

La campaña evangelística de Felipe en Samaria fue un gran éxito, uno que cualquier predicador podría envidiar. La gente respondió en cifras asombrosas. Proclamó la verdad de Cristo de una manera que derribó por completo la influencia de un líder que fácilmente podría haber sido un obstáculo para los creyentes de allí. La nueva iglesia en Samaria estaba prosperando y los mismos apóstoles estaban impresionados por todo lo que había hecho.

En este punto, el pináculo mismo del éxito de Felipe, un ángel se le apareció y le dijo que levantara su campamento y saliera de la ciudad. «Ve al sur por el camino del desierto que va de Jerusalén a Gaza» (Hechos 8:26).

«¿Qué?», podría haber respondido Felipe. «¿Quieres que deje lo que he construido aquí y vaya a un desierto lleno de lagartos y escorpiones? Tengo gente que me sigue. La iglesia me necesita. ¿Cómo puedes pedirme que renuncie a todo lo que he construido y se lo entregue a esos apóstoles que vinieron después de que hice todo el trabajo? ¡Esto no es justo!».

Pero Felipe no dijo nada de esto. No preguntó por qué; no rogó para quedarse. Solo hizo lo que se le dijo. Al igual que su gran antepasado Abraham, Felipe obedeció y salió sin saber adónde lo llevaría Dios (Hebreos 11:8).

Felipe dejó Samaria y se fue a Gaza, hacia la costa mediterránea. Mientras transitaba a lo largo de un camino del desierto, se encontró con un carro que viajaba hacia el sur desde Jerusalén. No era un carro de guerra de dos ruedas como los que aparecen a menudo en las películas de época; este era un vehículo de cuatro ruedas, más parecido a un carruaje, sin duda uno bien armado y elaborado. Un conductor estaba sentado en la parte delantera, y detrás de él estaba sentado un hombre que estaba mirando algo y murmurando para sí.

El Espíritu Santo le dio este mensaje a Felipe: «Acércate y camina junto al carruaje» (Hechos 8:29). Felipe corrió hasta el vehículo, y cuando se acercó, vio que el pasajero estaba leyendo en voz alta de un pergamino. Felipe reconoció las palabras: eran del libro profético de Isaías. Le preguntó al hombre: «¿Entiendes lo que estás leyendo?».

Contestó el hombre: «¿Y cómo puedo entenderlo, a menos que alguien me explique?» (Hechos 8:30-31).

El hombre invitó a Felipe a subir al carruaje con él. Felipe se enteró de que el hombre era un eunuco etíope que ocupaba el alto cargo de tesorero bajo la reina de esa nación. Probablemente era un hombre negro que se había convertido en un prosélito judío, pues había viajado a Jerusalén para adorar y ahora volvía a casa. Sin duda, mientras estuvo en Jerusalén había escuchado las afirmaciones de que el Jesús crucificado era el Mesías profetizado por Isaías. Los pergaminos eran extremadamente raros y costosos en aquella época, pero este eunuco rico probablemente había comprado este para aprender más acerca del Mesías.

A menudo los eunucos eran nombrados como sirvientes de la realeza, y no era raro que los eunucos talentosos llegaran a ocupar altos cargos. Pero la situación de este hombre como eunuco lo separaba de su comunidad de maneras significativas. Estaba excluido del amor matrimonial. Había sido privado de las alegrías de la familia. Era una rareza en la sociedad, visto como menos que un hombre. Y aunque era un prosélito judío, su condición física lo habría excluido de entrar al templo de Jerusalén (Deuteronomio 23:1).

Felipe, sin embargo, aceptó completamente al hombre etíope y estaba ansioso por ayudarlo a entender la profecía de Isaías que lo estaba confundiendo:

> Como oveja fue llevado al matadero.
>> Y, como cordero en silencio ante sus trasquiladores,
>> no abrió su boca.
> Fue humillado y no le hicieron justicia.
>> ¿Quién puede hablar de sus descendientes?
> Pues su vida fue quitada de la tierra.

HECHOS 8:32-33

«Dime», dijo el eunuco, «¿hablaba el profeta acerca de sí mismo o de alguien más?» (Hechos 8:34).

Esa fue la pregunta perfecta para que Felipe pasara a la historia de Jesús. El eunuco estaba leyendo el pasaje de Isaías que se refiere al Mesías como el siervo sufriente que sería ejecutado como un cordero llevado al matadero. Felipe sin duda explicó que este pasaje predijo con perfecta exactitud el juicio de Jesús ante Pilato, su silencio en presencia de sus acusadores, el trato brutal que recibió de los dirigentes judíos y su muerte en la cruz como rescate por los pecados del mundo.

En este punto el eunuco puede haber pensado, *He aquí a un hombre que fue despreciado y rechazado como un marginado, tal como lo soy yo.* Tal vez se identificó especialmente con la humillación que enfrentó Jesús, en particular con la dolorosa nostalgia de no tener descendencia. Independientemente de lo que pensó, sabemos con certeza que la explicación de Felipe despejó la confusión del eunuco y lo llevó a creer que aquel de quien hablaba Isaías era el mismo que lo había redimido a él del pecado. Respondió al mensaje de Felipe con fe completa. Estaba dispuesto a someter su vida a aquel que había muerto por él.

¿AÚN NECESITAMOS EL ANTIGUO TESTAMENTO?

Algunos cristianos prácticamente ignoran el Antiguo Testamento, pensando que el Nuevo Testamento hace que este sea irrelevante. Esto es un error. A través de la lectura del Antiguo Testamento aprendemos la historia humana, quiénes somos y por qué necesitamos la redención. El Antiguo Testamento revela el origen de la humanidad, la naturaleza del pecado, el resultado de la desobediencia, el carácter de Dios y su propósito en desarrollo. Tal vez el beneficio más evidente es que el Antiguo Testamento revela a Cristo a través de cientos de profecías específicas sobre su vida y su muerte. Por esta razón Felipe pudo enseñar acerca de Cristo del libro de Isaías que está en el Antiguo Testamento. Como dice el refrán, «El Antiguo Testamento es el Nuevo Testamento encubierto; el Nuevo Testamento es el Antiguo Testamento revelado».

Pronto Felipe y el eunuco llegaron a un pequeño cuerpo de agua, y el eunuco no quería retrasar su respuesta ni un minuto más. Señaló «y dijo, "Aquí hay agua; ¿qué impide que yo sea bautizado?".

Felipe dijo: "Si crees de todo corazón, bien puedes".

Y respondiendo, dijo: "Creo que Jesucristo es el Hijo de Dios"» (Hechos 8:36-37, RVR60).

El eunuco ordenó detener el carruaje, y Felipe lo llevó al agua para ser bautizado. Cuando el eunuco salió del agua, miró a su alrededor y no vio a Felipe por ningún lado. Una vez que su tarea se completó exitosamente, el Espíritu Santo lo arrebató para cumplir otra misión. El eunuco nunca volvió a ver a Felipe. Subió de nuevo a su carruaje y continuó su viaje de regreso a Etiopía, lleno de más alegría de lo que jamás había experimentado antes. Había sido plenamente aceptado en la familia de Dios.

Felipe se encontró de repente en medio de un pueblo llamado Azoto, que anteriormente había sido la ciudad filistea de Asdod, que estaba a unos cincuenta kilómetros al norte de Gaza. Sabía por qué había sido llevado allí: para dar la misma Buena Noticia que había estado predicando desde que salió de Jerusalén. Después de la difusión del evangelio en Azoto, viajó al norte hacia Cesarea, deteniéndose para predicar en todas las ciudades a lo largo del camino.

✝ ✝ ✝

La Buena Noticia es para todos

Jesús les dio a sus discípulos sus órdenes de partir en Hechos 1:8: «Recibirán poder cuando el Espíritu Santo descienda sobre ustedes; y serán mis testigos, y le hablarán a la gente acerca de mí en todas partes: en Jerusalén, por toda Judea, en Samaria y hasta los lugares más lejanos de la tierra». Los primeros siete capítulos de los Hechos dan un registro de la iglesia del primer siglo dando cumplimiento a la primera parte de las instrucciones del Señor. Los primeros creyentes fueron sin duda testigos en Jerusalén. En realidad, hasta este punto en el libro de los Hechos, todos los eventos tuvieron lugar dentro o cerca de Jerusalén.

Pero en Hechos 8, el ministerio del evangelio se propagó a Judea y Samaria. Leemos acerca de Felipe, quien anunciaba el evangelio en Samaria, y de Pedro y Juan entregando el evangelio «en muchas aldeas samaritanas» (Hechos 8:25).

Las consecuencias del evangelio

A medida que el evangelio comenzó a extenderse fuera de Jerusalén, las consecuencias del mensaje cristiano se hicieron claras: el evangelio es más incluyente, diverso y personal de lo que cualquiera podría haber imaginado.

EL EVANGELIO ES INCLUYENTE

Hoy en día, con frecuencia escuchamos reclamos contra el cristianismo porque es demasiado exclusivo. «¿Qué derecho tienen esos cristianos de afirmar que Jesús es el único camino a Dios? ¿No es eso arrogante e intolerante con otras religiones?».

Aunque el cristianismo es exclusivo, es, en realidad, la más incluyente de todas las religiones. El pastor Tim Keller explica:

> La religión universal de la humanidad es: desarrollamos
> un buen historial y se lo damos a Dios, y luego él está en
> deuda con nosotros. El evangelio es: Dios desarrolla un
> buen historial y nos lo da, entonces nosotros estamos en
> deuda con él (Romanos 1:17). En pocas palabras, decir que
> una buena persona, no únicamente los cristianos, puede
> encontrar a Dios equivale a decir que las buenas obras son
> suficientes. [. . .] Así que el enfoque aparentemente inclusivo
> es realmente muy exclusivo. Dice: «Las buenas personas
> pueden encontrar a Dios y la gente mala no». Pero ¿qué

pasa con nosotros los moralmente fracasados? Estamos excluidos. [. . .] Así que ambos enfoques son exclusivos, pero el evangelio de la exclusividad es el más inclusivo. Este dice alegremente, «No importa quién es usted o qué haya hecho. No importa si usted ha estado a las puertas del infierno. Puede ser acogido y abrazado por completo y al instante a través de Cristo»[1].

Jesús es el único camino a Dios. Como él mismo dijo: «Yo soy el camino, la verdad y la vida; nadie puede ir al Padre si no es por medio de mí» (Juan 14:6). Pero invita a todos a ir a través de él. No excluye a nadie. La gente puede excluirse a sí misma y rechazar la invitación, pero ese rechazo no es una exclusión impuesta por el cristianismo; es autoimpuesta. Es un poco irracional que alguien que rechaza una invitación acuse al anfitrión de inhospitalidad.

Hechos 8 deja en claro que ninguno que quiera acercarse a Cristo es excluido. La invitación es para todos. Esto incluye a hombres y mujeres de todas las etnias, todas las culturas y todas las nacionalidades.

EL BAUTISMO

La palabra *bautismo* proviene del griego *baptizó*, que significa «hundir o sumergir». La inmersión en el agua ofrece una imagen vívida de lo que sucede en el alma de las personas cuando se convierten en cristianas. Ellas mueren a su vieja vida gobernada por el pecado y se levantan a una vida nueva gobernada por el Espíritu Santo. El bautismo se asemeja al entierro, cuando el nuevo creyente se sumerge en el agua, y a la resurrección, cuando la persona es levantada del agua. El bautismo por sí mismo no imparte vida nueva, ya que no hay poder místico en el agua. El Espíritu Santo es el que da nueva vida. El bautismo es una imagen externa de esa realidad interna.

La Buena Noticia supera todos los prejuicios e incluye a los que han sido pasados por alto o dejados de lado como indignos. Nadie está más allá del alcance del evangelio.

Un ejemplo de esto fue Simón el hechicero. No sabemos si Simón se salvó. Se le ofreció la oportunidad de arrepentirse, a pesar de que tenía mucho de que arrepentirse. Era un hombre orgulloso que ansiaba tener poder y absorbía la adulación en cada oportunidad que se le presentaba. Tal orgullo es una reminiscencia del pecado original de Adán, de ponerse por encima de Dios. Peor aún, mediante la práctica de las artes ocultas, Simón se opuso activamente a Dios al confraternizar con los adversarios de Dios en el reino espiritual. En aquel tiempo, los magos no eran meros animadores teatrales que sorprendían al público con ilusiones; los hechiceros realmente intentaban llegar al mundo de los espíritus y atraer los poderes invisibles para manipular elementos en el mundo físico.

Sin embargo, a pesar de estos pecados atroces, Pedro invitó a Simón a arrepentirse y a entrar en el reino de Dios. Sin importar lo terrible que sea el pecado, Dios está dispuesto a perdonar y aceptar a aquellos que rechazan su antiguo modo de vida y se comprometen a una vida nueva en el Espíritu Santo.

EL EVANGELIO ES DIVERSO

Judíos y samaritanos tenían diferencias culturales significativas. Tenían diferentes versiones de la Escritura. Los samaritanos solamente reconocían la Torá, los primeros cinco libros del Antiguo Testamento, mientras que el canon de los judíos incluía todos los libros que los protestantes reconocemos hoy como el Antiguo Testamento. Los samaritanos adoraban en el monte Gerizim; los judíos adoraban en Jerusalén. Los dos grupos tenían diferentes patrimonios culturales, lo que significaba que por mucho tiempo habían pasado de generación en generación diferentes prácticas religiosas y sociales. Sin embargo, ninguna de estas diferencias se interpuso en el camino de su mutua inclusión en el cuerpo de Cristo. Cuando los judíos y los samaritanos se volvieron a Jesús, encontraron en él el factor de unidad que pasaba por encima de estas diferencias.

Los cristianos del primer siglo diferían en qué días santos debían celebrarse y qué alimentos estaban prohibidos. En el siglo XXI, los cristianos difieren en cosas como las traducciones de la Biblia, los estilos de adoración, y matices teológicos tales como la predestinación, la escatología y los modos de bautismo. Este tipo de diversidad puede ser aceptada siempre que haya unidad en lo esencial: las creencias centrales del cristianismo que se encarnan en los grandes credos desarrollados en los primeros siglos de la iglesia[2].

Estas son diferencias menores a la luz de la unidad que nos une a todos en Cristo. Como dijo el apóstol Pablo, «Les ruego por la autoridad de nuestro Señor Jesucristo que vivan en armonía los unos con los otros. Que no haya divisiones en la iglesia. Por el contrario, sean todos de un mismo parecer, unidos en pensamiento y propósito» (1 Corintios 1:10).

EL EVANGELIO ES PERSONAL

Cuando leemos que el Espíritu Santo le dijo a Felipe que dejara su multitud de nuevos convertidos y predicara a un solo individuo, podríamos preguntarnos en qué estaba pensando el Espíritu Santo. La respuesta la encontramos en la parábola de Jesús sobre la oveja perdida, donde el pastor deja las noventa y nueve de su rebaño para buscar la que se ha extraviado. Luego, Jesús dice: «¡Hay más alegría en el cielo por un pecador perdido que se arrepiente y regresa a Dios que por noventa y nueve justos que no se extraviaron!» (Lucas 15:7).

Dios no nos mira como meros engranajes de una rueda; nos ve como individuos únicos y valiosos. En su famosa comparación de la iglesia con el cuerpo, Pablo enfatiza la importancia de cada miembro individualmente. Así como cada miembro y órgano es esencialmente importante para el cuerpo, ya sea una mano, un ojo, una oreja o un pie, Dios le da el mismo valor a cada persona en la iglesia de Cristo (1 Corintios 12). Usted es tan precioso para él como lo sería si fuera la única persona en el mundo. Y si usted, de hecho, hubiera sido la única persona en el mundo, aun así él habría dejado el cielo para morir por usted.

Las respuestas al Evangelio

La conversión del eunuco etíope demuestra las tres respuestas al evangelio que llevan a la gente a pertenecer al cuerpo de Cristo. En primer lugar, respondió con fe. La Escritura dice que confesó su creencia recién descubierta de que Jesucristo es el Hijo de Dios.

En segundo lugar, después de que el eunuco confirmó su fe en Cristo, fue bautizado. Tan pronto como vio un lugar donde había agua, detuvo el carruaje y le pidió a Felipe que lo bautizara. En el libro de los Hechos, todos los relatos de conversión siguen este patrón de bautismo inmediato. Hoy en día, algunas personas optan por no ser bautizadas hasta mucho tiempo después de declarar su fe. Pero de acuerdo con el modelo bíblico, una vez que la gente ha llegado a creer y a confesar su fe en Cristo, deben seguir estos ejemplos del Nuevo Testamento y ser sumergidos inmediatamente. Esto marca el comienzo de una nueva vida bajo un nuevo nombre y un nuevo poder.

En tercer lugar, el eunuco respondió con un cambio de comportamiento: pasó de ser un seguidor perplejo e inseguro a ser alguien que estaba comprometido con Cristo y lleno de gozo. Estaba listo para comenzar a vivir una vida transformada y cumplir las órdenes del Espíritu Santo, que ahora lo llenaba.

El éxito del evangelio

Así como Pablo era considerado como el apóstol a los gentiles, podríamos llamar a Felipe el evangelista a los marginados. Dirigió su ministerio a las personas que, por una u otra razón, no eran aceptadas o respetadas por la sociedad. Y como nos dice Hechos 8, su ministerio fue inmensamente exitoso.

Una de las claves para el éxito de Felipe fue su voluntad de someterse de inmediato y totalmente a la guía del Espíritu Santo. Obedeció, sin importar si el trabajo era grande o pequeño, si era llamado al ministerio público o a la enseñanza privada, si era enviado a una ciudad próspera o a un desierto estéril. A Felipe no le importaba; si el Espíritu decía: «Ve allí a hacer esto», allí era adonde iba y eso era lo que hacía. Y lo hacía inmediatamente, sin dilación. Si hubiera vacilado o se hubiera tomado un día libre antes de ir a Gaza, el eunuco etíope ya habría estado muy lejos para cuando hubiera llegado. El Espíritu Santo es un coordinador de primer nivel, y si pensamos viajar con él, entonces debemos abordar cuando él nos llama.

Esta sensibilidad a la dirección del Espíritu Santo es clave para vivir por el poder de Dios. No siempre es fácil escuchar su voz, ya que no suele hablar con nosotros de formas audibles. Tenemos que aprender a prestar atención a ese impulso interior que nos empuja a hacer algo que no hemos planeado, con propósitos que no entendemos. Y es imperativo que obedezcamos ese impulso de inmediato. Puede ser un impulso para suplir una necesidad que no puede esperar.

C. S. Lewis habla de una experiencia así:

Hace algunos años me levanté una mañana con la intención de cortarme el pelo en preparación para una visita a Londres, y la primera carta que abrí dejó claro que no necesitaba ir a Londres. Así que decidí posponer el corte de pelo también. Pero entonces empezó la más inexplicable y pequeña inquietud en mi mente, casi como una voz que decía: «Háztelo cortar de todas formas. Ve y háztelo cortar». Al final no pude soportarlo más. Fui. En ese entonces mi peluquero era un cristiano y un hombre con muchos problemas al que mi hermano y yo habíamos podido ayudar en ocasiones. En el momento en que abrí la puerta de su tienda me dijo: «Ay, yo estaba orando para que usted viniera hoy». Y de hecho, si hubiera llegado uno o dos días más tarde no habría sido de ninguna utilidad para él. Me asombró; me asombro todavía[3].

Por supuesto, debemos tener cuidado cuando se trata de hacerle caso a los impulsos. Es demasiado fácil atender a corazonadas equivocadas o justificar lo que queremos hacer basándonos en lo que sospechamos que debemos hacer. Dos claves nos ayudarán a discernir la diferencia.

1. **¿Está viviendo su vida en verdadera sumisión al Espíritu Santo?** ¿Ora continuamente y tiene en su corazón un fuerte deseo de someterse a su voluntad? A lo largo del tiempo, ¿ha construido un historial de hacer lo que debe, en lugar de lo que quiere hacer? O, para resumir, ¿tiene usted una relación auténtica y dinámica con Dios? Si puede responder honestamente de manera afirmativa a estas preguntas, es probable que usted sepa cuáles impulsos son del Espíritu y cuáles surgen de sus propios deseos.

2. **¿Se sumerge usted en el estudio de la Biblia?** ¿Tiene un conocimiento global de la Palabra escrita de Dios y cómo aplicarla a su vida hoy? Si es así, este conocimiento le será de gran ayuda en la determinación de la dirección del Espíritu. Si hay algo que se siente impulsado a hacer que está en conflicto con un principio bíblico, puede estar seguro que no es de Dios.

A medida que nos sometemos a la dirección del Espíritu Santo y de la Palabra de Dios, podemos esperar que Dios nos bendiga con más oportunidades para ministrar. Note que en Hechos 8 la recompensa por completar con éxito una tarea dada por Dios es, a menudo, recibir otra tarea. Inmediatamente después de que Felipe cumplió exitosamente dos ministerios, el Espíritu Santo lo arrebató y lo puso ante un nuevo desafío. Felipe se sumergió en su nuevo trabajo con el mismo empuje y entusiasmo, predicando en una ciudad tras otra y dejando tras él un rastro de nuevas iglesias y creyentes gozosos.

El ministerio de Felipe ilustra vívidamente el principio de la parábola de Jesús de los diez siervos, en Lucas 19. El empresario en esta parábola entregó una suma de dinero al cuidado de cada uno de los diez trabajadores; luego se fue de viaje. Cuando regresó, premió a los que habían invertido su dinero y obtenido ganancia, diciendo: «A los que usan bien lo que se les da, se les dará aún más» (Lucas 19:26). Jesús estaba hablando de la recompensa que les espera en el cielo a aquellos que son diligentes en poner en uso los talentos que Dios les ha dado.

Que la historia de Felipe nos inspire a todos a practicar ese tipo de obediencia.

CAPÍTULO 8

EL HOMBRE QUE VIO LA LUZ

✝ ✝ ✝

Un enemigo de Cristo se convierte en un amigo

Hechos 8:1-3; Hechos 9:1-19

UNA DE LAS PRINCIPALES fuerzas detrás de la fiera persecución que llevó a Felipe y a muchos otros creyentes a huir de Jerusalén fue un joven fariseo llamado Saulo. Saulo comenzó a empuñar la espada contra los creyentes cuando los furiosos miembros del Concilio Supremo arrastraron a Esteban fuera de Jerusalén para apedrearlo. Saulo estuvo allí observando la ejecución, complacido de ver a uno de estos herejes seguidores de Jesús recibir lo que se merecía. Conocía la ley judía al derecho y al revés, y la lapidación era el castigo prescrito para tales blasfemos. Deseoso de facilitar el proceso, Saulo invitó a los miembros del concilio a tirar sus ropas a sus pies, liberando así sus brazos para lanzar las piedras.

Hijo de un fariseo, Saulo siguió los pasos de su padre, llegando a ser uno de los fariseos más celosos entre todos. Aunque nació en Tarso como ciudadano romano, era un judío de sangre pura. Poseía una mente al nivel de un genio, y había sido enviado, probablemente alrededor de los trece años, para estudiar con el gran maestro judío Gamaliel. Había superado a todos sus compañeros en el conocimiento de la ley y las tradiciones judías. Ahora, con solo unos treinta años de edad, Saulo ya era un líder entre los judíos. Es probable que aún no fuera miembro del Concilio Supremo, pero sin duda ese era su objetivo eventualmente.

Saulo apoyó no solo la lapidación de Esteban, sino también cualquier otra medida que destruyera a estos enemigos de la religión judía. Miró con satisfacción cómo cayó Esteban bajo la lluvia de piedras. Vio el rostro ensangrentado de Esteban brillando como el de un ángel y escuchó sus últimas palabras rogándole a Dios que perdonara a sus verdugos. Pero esa desgarradora plegaria no penetró el cascarón de legalismo que recubría el corazón de Saulo. Por el contrario, la escena solo agudizó su deseo de ver a estos enemigos del judaísmo borrados de la faz de la tierra.

Hechos 8:1 establece el escenario para el tipo de oposición que enfrentaron los primeros creyentes: «Ese día comenzó una gran ola de persecución que se extendió por toda la iglesia de Jerusalén». Y fue Saulo, el devoto joven y ferviente, quien lideraba el ataque. «Saulo iba por todas partes con la intención de acabar con la iglesia. Iba de casa en casa y sacaba a rastras tanto a hombres como a mujeres y los metía en la cárcel» (Hechos 8:1-3).

Con Jerusalén bajo control, «Saulo pronunciaba amenazas en cada palabra y estaba ansioso por matar a los seguidores del Señor» (Hechos 9:1). Estaba decidido a perseguir a los que habían huido a otras ciudades y completar la purga con una operación de depuración. Recibió la autorización del sumo sacerdote para dirigir a un contingente de hombres a la ciudad siria de Damasco con el propósito de arrestar a los creyentes y llevarlos de regreso a Jerusalén para su ejecución. Con una orden en la mano, Saulo emprendió con vehemencia el viaje de cerca de 250 kilómetros.

Debo preguntarme qué pasaba por la mente de este fanático mientras viajaba. Saulo era un hombre concienzudo, por lo que podemos estar seguros de que estaba convencido de que hacía lo correcto. Sin embargo, más tarde en la Escritura, encontramos indicios de que algo más profundo en su conciencia lo estaba empujando en contra de esta convicción. Aunque estaba endurecido contra estos seguidores de Jesús, parece bastante difícil que pudiera ignorar la alegría que vio en el rostro de Esteban mientras moría o las palabras de perdón que le oyó pronunciar en sus últimos momentos. Saulo no permitió que tales pensamientos interfirieran con su misión, pero no hay duda que estos siguieron aguijoneándolo en silencio, abriéndose camino hacia la superficie de su mente.

Bajo arresto divino

Entonces sucedió algo que Saulo, un hombre al que le gustaba tener el control, nunca podría haber previsto. Cuando se acercaba a Damasco, una luz más brillante que el sol de repente brilló a su alrededor. Era como estar dentro del destello sostenido de un relámpago. Cayó al suelo, ciego a todo menos a la figura de un hombre parado en el interior de aquella luz (1 Corintios 9:1).

«Oyó una voz que le decía: "Saulo, Saulo, ¿por qué me persigues?" Él dijo: "¿Quién eres, Señor?"

Y le dijo: "Yo soy Jesús, a quien tú persigues; dura cosa te es dar coces contra el aguijón".

Él, temblando y temeroso, dijo: "Señor, ¿qué quieres que yo haga?"

Y el Señor le dijo: "Levántate y entra en la ciudad, y se te dirá lo que debes hacer"» (Hechos 9:4-6, RVR60).

Los hombres que estaban con Saulo se quedaron boquiabiertos de asombro. Habían oído la voz, pero no habían podido ver nada. Solamente Saulo había visto la enceguecedora luz y al hombre dentro de ella.

Él se levantó del suelo, abrió los ojos y descubrió que estaba

DAMASCO

Se dice que Damasco es la ciudad más antigua continuamente habitada en el mundo, y que tiene una historia registrada de cuatro mil años. Ha sido la capital de varias naciones, y hoy es la capital de Siria. Damasco se menciona por primera vez en la Biblia en relación con la guerra de Abraham contra cuatro reyes (Génesis 14:15). En la antigüedad, Damasco era una ciudad cosmopolita, una intersección para caravanas provenientes de rutas muy diversas que llevaban tesoros exóticos de especias, perfumes, telas, alfombras y vino (Ezequiel 27:18). Al igual que Israel, Siria occidental, que incluye Damasco, era parte del Imperio romano en los días de Pablo.

completamente ciego. Sus compañeros lo guiaron de la mano hasta Damasco y lo llevaron a la casa de un hombre llamado Judas.

Por tres días, Saulo permaneció en oscuridad total. Sus anfitriones le ofrecieron comida y bebida, pero su mundo acababa de ser puesto al revés, y la comida era la última cosa que tenía en su mente. Puedo imaginar lo que estaba pensando, *¿Cómo es posible que haya estado equivocado durante toda mi vida?* Luego de pasar toda su vida inmerso en la ley y las costumbres judías, de prepararse para una carrera en la ley judía y el liderazgo, no debió ser fácil para él pensar en renunciar a tal inversión de tiempo, de energía y de emoción. Sin duda, hizo un desesperado examen de conciencia para convencerse de que lo que acababa de ocurrir era producto de su imaginación.

Pero Saulo no pudo escapar de la verdad: la visión era real. Su ceguera era la prueba. Había tenido un encuentro con el mismo Jesús contra quien había estado en guerra. Esos reprimidos remordimientos

¿QUÉ VIÓ SAULO?

A través de los años, algunas personas han ideado diversos escenarios para desacreditar la naturaleza milagrosa de la visión de Saulo. Algunos dicen que se cayó de su caballo y se lesionó la cabeza, lo que le provocó alucinaciones. Otros afirman que el sol del mediodía que se reflejaba en los edificios blancos de Damasco lo cegó. Otras teorías apuntan a la insolación, un ataque de nervios o un ataque epiléptico. Otra idea es que la culpa reprimida de Saulo actuó en su cerebro creándole un espejismo producido por la crisis. Pero después de estudiar la conversión de Saulo en gran detalle, el abogado George Lyttleton escribió: «La conversión y el apostolado de Pablo solamente, debidamente considerado, es en sí una demostración suficiente para probar que el cristianismo es una revelación divina»[1]. La evidencia más fuerte del milagro que experimentó Saulo es que su vida cambió por completo después del incidente. Nada más que un milagro podría ser la causa de un cambio tan drástico.

de conciencia que estaban sin resolver en su mente, eran los «aguijones» contra los cuales Jesús había dicho que se daba coces. La verdad de Cristo lo había estado punzando como las puntiagudas estacas con las que el conductor de una carreta golpea las patas de sus bueyes, obligándolos a apurar el paso.

Por fin, Saulo cedió. No sabía lo que le esperaba en su futuro, pero sabía que no se parecería en nada a lo que había planeado. Su carrera como inquisidor había terminado para siempre. Lo único que podía hacer era ponerse en manos de Dios y seguir por cualquier camino que Dios lo llevara. No tenía idea cuál sería su siguiente paso, pero oró a Dios para que se lo revelara.

Dos visiones paralelas

La respuesta a la oración de Saulo llegó a través de otra visión. Vio a un hombre llamado Ananías dirigiéndose hacia él, poniendo las manos sobre su cabeza y sanando su ceguera. El hecho de que Dios estuviera enviando a este hombre sin duda significaba que era un seguidor de Jesús, y Saulo pudo haber encontrado este detalle un tanto inquietante. Ananías lo vería como un enemigo. ¿Se lo llevaría como prisionero y buscaría venganza? ¿Harían los creyentes con él lo que él les hubiera hecho a ellos?

Ananías, por su parte, estaba cumpliendo con sus quehaceres habituales. No tenía idea de lo que Dios estaba a punto de pedirle que hiciera. Ananías era un judío que abrazó la fe en Jesús muy posiblemente como resultado indirecto de Saulo mismo. Algunos creyentes sin duda huyeron a Damasco para escapar de la persecución en Jerusalén y difundieron la Buena Noticia allí. Ananías bien pudo haber sido uno de sus conversos, justo uno de aquellos a quienes Saulo había llegado a buscar en Damasco para destruirlos.

Incluso antes de su conversión, Ananías era un hombre piadoso que se dedicaba a la ley judía. A pesar de que ahora era un creyente en Jesús, mantenía una buena reputación entre los judíos en Damasco (Hechos 22:12). Su relación con ambas comunidades, judía y cristiana, puede explicar por qué lo identificó Dios como su embajador con Saulo. El anfitrión judío de Saulo lo admitiría, y podría dar a Saulo la ministración divina que necesitaba desesperadamente.

Mientras Saulo recibía su visión acerca de Ananías, Ananías recibió una visión sobre Saulo. El Señor le dio instrucciones explícitas a Ananías acerca de lo que debía hacer, incluso hasta el nombre del dueño de la casa y la dirección de la calle adonde debía ir. Luego llegó al meollo del mensaje: «Cuando llegues, pregunta por un hombre de Tarso que se llama Saulo. En este momento, él está orando. Le he mostrado en visión a un hombre llamado Ananías que entra y pone las manos sobre él para que recobre la vista» (Hechos 9:11-12).

LA CONVERSIÓN DE PABLO

La historia de la conversión de Pablo es tan importante en el Nuevo Testamento que se registra en cinco ocasiones:

1. Hechos 9: Lucas registra el evento como parte de la historia de la iglesia naciente.
2. Hechos 22: Pablo se defiende ante los judíos en Jerusalén.
3. Hechos 26: Pablo relata su conversión cuando comparece ante los gobernadores romanos Festo y Félix.
4. Filipenses 3: Pablo resume su viaje espiritual en una carta a la iglesia de Filipos.
5. 1 Timoteo 1: Pablo comparte su testimonio con Timoteo.

El énfasis que el Nuevo Testamento da a este evento indica el impacto monumental que tuvo Pablo en la iglesia. Una y otra vez en sus epístolas, Pablo regresa al momento en el camino a Damasco, y parece como si todas sus cartas reflejaran la pasión que se despertó en él cuando quedó ciego por la gloria de Cristo.

Aunque Ananías era un hombre diligente, dispuesto a hacer la voluntad de Dios, no estaba seguro de haber oído bien la tarea. «¡Pero Señor! —exclamó Ananías—. ¡He oído a mucha gente hablar de las cosas terribles que ese hombre les ha hecho a los creyentes de Jerusalén! Además, tiene la autorización de los sacerdotes principales para arrestar a todos los que invocan tu nombre» (Hechos 9:13-14). Ananías era un poco como Jonás. ¿Quería Dios realmente que fuera a ayudar a sus enemigos?

Los creyentes de Damasco sabían todo acerca de Saulo. Muchos habían huido de Jerusalén por su furia asesina, y las noticias de su persecución a los cristianos habían llegado a Damasco. Dios entendió la preocupación de Ananías y no lo reprendió por expresarla. Explicó su intención para Saulo: «Él es mi instrumento elegido para llevar mi mensaje a los gentiles y a reyes, como también al pueblo de Israel; y le voy a mostrar cuánto debe sufrir por mi nombre» (Hechos 9:15-16).

Ananías confiaba en su Señor. Dios le dijo: «Ve», así que fue. Las tareas de Dios no siempre son seguras, pero siempre deben ser obedecidas.

El gran giro

Ananías llamó a la puerta de Judas y entró para conocer al hombre a quien temía. Pero cuando vio a Saulo, no vio rastro alguno del fanático violento que había sido el peor enemigo de la iglesia. Allí estaba sentado tal vez el ser humano más triste y abatido que hubiera visto jamás. Seguramente en ese momento todos los temores de Ananías se tornaron en compasión.

Dijo Ananías: «Hermano Saulo, el Señor Jesús, quien se te apareció en el camino, me ha enviado para que recobres la vista y seas lleno del Espíritu Santo» (Hechos 9:17).

Al instante, algo parecido a escamas cayó de los ojos de Saulo. Recobró la vista y miró directamente al rostro del mismo hombre que había visto en su visión.

Luego Ananías entregó su mensaje: «El Dios de nuestros antepasados te ha escogido para que conozcas su voluntad y para que veas al Justo y lo oigas hablar. Pues tú serás su testigo; les contarás a todos lo que has visto y oído. ¿Qué esperas? Levántate y bautízate. Queda limpio de tus pecados al invocar el nombre del Señor» (Hechos 22:14-16).

Saulo no vaciló. Se levantó de inmediato y Ananías lo bautizó. Este hombre que había vivido en la oscuridad toda su vida emergió ahora a la luz de Dios. Su apetito regresó y devoró su primera comida en tres días.

Seguramente fue extraño para Saulo escuchar a Ananías dirigirse a él como «hermano Saulo». Tres cortos días antes, estaba decidido a erradicar de la faz de la tierra a los hombres como Ananías. Ahora, era un hermano en Cristo. Los antiguos enemigos de Saulo ahora eran sus amigos, y sus antiguos amigos ahora eran sus enemigos. Toda su existencia había tenido un giro repentino de ciento ochenta grados. Debe haberse preguntado qué vendría después. ¿Qué nuevas sorpresas tendría Dios esperándolo en el horizonte?

✝ ✝ ✝

Cómo cambiar una vida

¿Por qué eligió Dios a Saulo? De todas las personas que pudo haber elegido como su mensajero a reyes, gobernantes y gentiles, ¿por qué escogería Dios a uno que era un enemigo tan feroz de su iglesia? Podría haber aniquilado a ese hombre y haberlo confinado a lo más profundo del infierno. En cambio, lo llamó a ser un líder de la gente a la que había agraviado.

El poder de la pasión

Aunque Saulo había defendido la causa equivocada, Dios conocía lo profundo de su carácter. Era un hombre de gran pasión que se entregaba por completo a lo que creía. Cuando creyó que el judaísmo era la cumbre de la verdad de Dios, se sumergió en ello, convirtiéndose en un experto en todas las facetas de la ley.

Dios aprecia la pasión. Cristo le dijo a la iglesia de Laodicea, «Yo sé todo lo que haces, que no eres ni frío ni caliente. ¡Cómo quisiera que fueras lo uno o lo otro!; pero ya que eres tibio, ni frío ni caliente, ¡te escupiré de mi boca!» (Apocalipsis 3:15-16). A Dios le enferma la apatía. Ya sea por una causa correcta o una equivocada, las personas apasionadas se preocupan por aquello en lo que creen. Las personas apáticas no. Cuando la gente apasionada es reorientada hacia una causa justa, nada impedirá que lo den todo por aquello en lo que creen.

Saulo se convirtió en uno de los líderes más grandes y una de las figuras más influyentes de la historia del cristianismo. Escribió trece de los veintisiete libros del Nuevo Testamento, casi tres veces más de las que escribió Juan, el segundo más prolífico. Realizó al menos cinco viajes misioneros, recorriendo Asia Menor, Grecia, Siria, Italia, España y otros países de la región mediterránea. Entrenó a otros misioneros, como Timoteo y Juan Marcos, y estableció un sinnúmero de iglesias, muchas de las cuales volvió a visitar e instruyó a través de sus cartas.

Dios le dijo a Ananías que Saulo sufriría muchas persecuciones por hablar acerca de Cristo. Y, de hecho, tuvo que soportar más de la cuenta. Pasó al menos cinco años de su vida en prisión. En cinco ocasiones diferentes fue azotado a latigazos y tres veces fue golpeado con varas. Fue apedreado, fue expulsado de la ciudad, naufragó tres veces y en una ocasión fue mordido por una serpiente. Finalmente fue martirizado, ejecutado por Nerón a mediados de los años 60 d. C.

Sería fácil concluir que todo esto lo tenía merecido en pago por

EL SABUESO DEL CIELO

El poema de Francis Thompson *El sabueso del cielo* compara la persecución de Dios hacia nosotros con la de un sabueso tras una liebre. Huimos de él, persiguiendo nuestros propios deseos. Pero pronto encontramos que los objetos que perseguimos: riqueza, fama, poder y placer, no nos satisfacen. Es solo cuando Dios nos captura con el abrazo de su amor que nos damos cuenta de que él es al único que deseábamos desde el principio. Nuestra tendencia es perseguir sombras en la búsqueda del objeto verdadero pero oculto de nuestro anhelo, justo el mismo que nos está persiguiendo. Saulo pensó que era el cazador, cuando en realidad era la presa. Y cuando Dios lo atrapó en su red, Saulo encontró precisamente lo que había estado buscando.

su terrible persecución de la iglesia. Pero no fue así. Dios sabía que se necesitaba alguien con el celo de Saulo para cumplir las tareas que le esperaban y para soportar todos los obstáculos a lo largo del camino. La pasión persevera a pesar de la oposición. Ella se sacrifica por lo que cree.

Los cinco pasos de la conversión

Podemos rastrear la conversión de Saulo a través de cinco etapas distintas. Estos son los mismos pasos que da cada uno de nosotros cuando sometemos nuestras vidas a Cristo. El examen de estas etapas puede ayudarnos a comprender más acerca de nosotros mismos y nuestra relación con Dios.

1. CONFRONTACIÓN

Siempre hay un conflicto de voluntades cuando una persona llega a ser cristiana. Desde la caída de Adán y Eva, nosotros los humanos hemos decidido que vamos a dirigir nuestra propia vida y hacer las cosas a nuestra manera. Saulo (quien más tarde pasó a ser conocido como Pablo) lo pone en estos términos: «Pues la naturaleza pecaminosa es enemiga de Dios siempre. Nunca obedeció las leyes de Dios y jamás lo hará. Por eso, los que todavía viven bajo el dominio de la naturaleza pecaminosa nunca pueden agradar a Dios» (Romanos 8:7-8). Esto explica por qué nos resistimos tan a menudo cuando se nos confronta con el evangelio. No queremos renunciar a nuestra propia voluntad. Lo que Dios elige para nosotros puede que no sea lo que nosotros hubiéramos elegido. Dios nos confronta con una propuesta de todo o nada: podemos seguir su camino o no seguirlo en absoluto. Él no acepta ningún compromiso a medias.

La confrontación de Saulo con Dios fue un encuentro milagroso porque Dios tenía una responsabilidad especial para Saulo: iba a ser uno de sus apóstoles, llevando el mensaje de Jesucristo a las naciones de todo el Medio Oriente y Europa.

Nuestras confrontaciones con el Señor no siempre son tan dramáticas. Pueden ocurrir durante un servicio en la iglesia cuando el pastor cita las Escrituras o hace alguna declaración que llega a nuestros corazones y nos condena por el pecado. Un encuentro con Dios puede originarse en la lectura de la Biblia u otro libro, o por medio de una experiencia traumática, como una enfermedad grave, un accidente o una pérdida significativa.

Para el anteriormente no creyente C. S. Lewis, un enfrentamiento con Dios ocurrió durante una conversación con un amigo ateo intransigente. Mientras su amigo discutía la evidencia de la historicidad de los Evangelios, admitió confidencialmente: «Es como si realmente hubiera ocurrido alguna vez». Lewis se quedó estupefacto. Si este cínico de cínicos no estaba a salvo del alcance de la mano de Dios, ¿quién lo estaba? Lewis se había obstinadamente resistido a la conversión, sin querer renunciar a sus hábitos arraigados y sus pecados preferidos. Aunque continuó dando coces contra el aguijón, no podía escapar. Pronto cayó de rodillas y admitió que Dios era Dios, llamándose a sí mismo «el converso más desalentado y reacio de toda Inglaterra»[2].

2. CONVICCIÓN

El milagro de la luz enceguecedora y la imagen de Jesucristo hicieron imposible que Saulo descartara el encuentro como una ilusión o un sueño. Y el hecho de que Jesús mismo estuviera hablando con él lo puso de inmediato bajo convicción. Se había equivocado. Era culpable. Aquellas personas a quienes había estado persiguiendo tenían razón. La resurrección era un hecho absoluto: ahora Saulo había visto al Cristo resucitado. Cuando Jesús le preguntó: «¿Por qué me persigues?», Saulo se dio cuenta de que cada golpe y cada crueldad que había infligido a la iglesia, el cuerpo de Cristo, lo había sentido la cabeza del cuerpo, Cristo mismo.

Llega un momento para todos nosotros cuando nos damos cuenta de que estamos desalineados con la norma de lo correcto y lo incorrecto que impregna a toda la creación. Nos puede golpear cuando nos sentimos culpables por algún mal cometido contra un amigo, un ser querido o incluso un extraño. Puede ocurrir cuando nos damos cuenta de que tenemos un hábito nocivo que no podemos romper o una tentación que no podemos resistir. Muchas iglesias tienen ministerios en la prisión que son un gran éxito debido a que los reclusos son dolorosamente conscientes de su culpabilidad y su necesidad de perdón.

La convicción es siempre un punto bajo. Llega cuando las personas se dan cuenta de lo que son: individuos que han desafiado a Dios, enemigos del Creador del universo. Pero la convicción es por último algo bueno, porque nos muestra nuestra necesidad de cambio y de la ayuda de Dios. Nos lleva al punto en que no hay adónde más ir sino hacia arriba.

3. CONVERSIÓN

La conversión es un cambio completo de una cosa a otra. Tal vez usted haya visto una residencia convertida en una tienda, un jarrón convertido en una lámpara, un garaje convertido en una oficina o una sala de estar, o un vagón de ferrocarril convertido en un restaurante.

La conversión de un pecador autogobernado a un cristiano lleno del Espíritu sucede cuando una persona encara una confrontación con Dios y es movida por la convicción de que debe rendirse al Espíritu Santo. Es una metamorfosis de un tipo de ser a otro, una transformación tan dramática como una oruga que se convierte en mariposa. Es un cambio de una vida terrenal gobernada por apetitos mundanos a una vida enaltecida llena de alegría y belleza. Es un cambio de autoabsorción de amor a dar amor sin medida. Es un cambio de «Todo se trata de mí» a «Todo se trata de Dios».

Dios nos invita a todos a hacer este tipo de cambio. Lo que pide de nosotros es que nos rindamos a él y que le permitamos remodelar nuestras vidas de tal forma que sean aptas para la eternidad.

4. CONSAGRACIÓN

«Señor, ¿qué quieres que yo haga?» (Hechos 9:6, RVR60). Esa fue la primera pregunta que Saulo hizo después de que la figura en la luz se identificara a sí misma como Jesús. Es justamente la pregunta correcta para todos los que hemos sido confrontados por Jesús, encarados con la convicción de nuestra culpa, y que hemos optado por someternos a Dios. Con esta pregunta, le estamos diciendo a Dios esencialmente: «Ahora que sé quién eres, deseo que tú me dirijas. ¿Qué quieres que yo haga?».

Al hacer esta pregunta, Saulo mostró su disposición a dedicarse completamente a Dios y a seguirlo adonde quisiera llevarlo. Ese es el significado de la consagración. Consagrar significa «ofrecerse o dedicarse a algún propósito». A partir de su conversión en adelante, Saulo se convirtió en el ejemplo por excelencia de una vida consagrada a Dios.

Este cambio fue fundamental para Saulo. Había sido su propio dueño, un líder en la guerra de los judíos contra los cristianos. Habría disfrutado del éxito y de la estimación entre los judíos si hubiera permanecido en su camino anterior. Pero como señala John MacArthur: «Dios aplastó a Saulo, llevándolo al punto de la consagración total. De las cenizas de la antigua vida de Saulo surgiría el hombre de Dios más noble y más útil que la iglesia haya conocido jamás»[3].

Una vez que hemos encontrado a Cristo, la única respuesta racional es que nos inclinemos y le preguntemos: «Señor, ¿qué quieres que haga?». Nos hemos unido a su causa. Él es nuestro comandante. Nuestra única opción ahora es pedir que nos asigne nuestra tarea y consagrarnos a su servicio.

5. COMUNIÓN

Mientras Saulo estuvo inmóvil durante sus tres días de ceguera, solo podemos imaginar el torbellino de miedo y de confusión que debe haber dado vueltas en su mente. Estuvo solo como nunca antes.

Después de su encuentro con Cristo, ya no podía volver a ser parte de su antiguo círculo de amigos y colegas, y tampoco era un miembro de la comunidad de cristianos. Conociendo su pasado, podrían negarse a aceptarlo. Hasta era posible que le devolvieran la jugada y lo trataran duramente en retribución. De repente estaba solo y sin amigos, atrapado en la tierra de nadie entre los antiguos amigos y los antiguos enemigos.

Pero en esos tres días de oscuridad, Saulo oró. Estuvo en comunión con Dios como nunca antes. Y Dios respondió a sus oraciones exactamente con lo que necesitaba: un nuevo amigo y una nueva comunidad. Ananías le dio la bienvenida a Saulo en su vida y lo encomendó a la iglesia de Damasco. Después de cierta incertidumbre comprensible, tanto para Saulo como para su nueva familia, lo abrazaron con el amor envolvente que fluía de Cristo. Saulo había encontrado su lugar: una comunidad donde podía servir, amar y encontrar el gozo verdadero.

El poder de la transformación

A finales del siglo XIX, un hombre llamado Mel Trotter vivió una vida bastante ordinaria. Era hijo de un cantinero que bebía casi tanto como vendía. Mel siguió los pasos de su padre en el alcoholismo. Se hizo barbero y se casó, tratando de convencer al mundo que había puesto en orden su vida. Ocultó su adicción durante años, causándoles profundo dolor a su esposa e hijo cuando finalmente la verdad salió a la luz. Incapaz de mantener un trabajo, Trotter continuó con sus borracheras, abandonando a su familia durante semanas.

Un día llegó a su casa después de una borrachera de diez días y encontró a su hijo, de dos años de edad, muerto en brazos de su esposa. La culpa y el desprecio por sí mismo casi lo llevaron al suicidio. Pero en cambio, vendió los zapatos que tenía en sus pies para comprarse algo de beber y se dirigió a Chicago. Se tambaleó hasta llegar a una misión en Chicago, donde se convirtió al cristianismo después de escuchar el testimonio del director, un alcohólico reformado.

Mel dejó de beber, pasó cada noche en la misión y con el tiempo fue llamado a Grand Rapids, Michigan, para dirigir una misión recién fundada allí. La misión fue un gran éxito y Trotter continuó hasta fundar una gran cadena de misiones por todo los Estados Unidos, que sigue funcionando con éxito hoy[4].

Usted puede pensar que su vida está demasiado llena de pecado o que ha hecho cosas tan terribles que están más allá de toda posibilidad de transformación. Historias como la de Saulo y de los miles de Mel Trotter que se han transformado a lo largo de la existencia de la iglesia deben borrar ese pensamiento de su mente. La transformación en vidas como estas muestra que Dios puede hacer milagros en las personas que nos parece que están más allá de toda esperanza.

Algunos cristianos permiten que sus recuerdos del pasado regresen y les causen duda. *¿Me ha realmente perdonado Dios por lo que le hice a esa persona? El hecho de que aún siento remordimiento debe significar que no estoy perdonado. Tal vez yo no soy salvo.* Pero el perdón de Dios es más profundo de lo que podemos entender.

John Newton, quien escribió «Sublime gracia», el más famoso himno cristiano de todos los tiempos, era alguien cuya transformación parecía imposible. Un incrédulo que abrazó un estilo de vida inmoral desde su juventud, Newton se convirtió en un capitán de barcos que transportaban esclavos amontonados en las bodegas, bajo las condiciones más miserables. Su encuentro con Dios sucedió durante una tormenta en el mar. El hundimiento parecía inevitable hasta que oró y el barco se salvó.

Después de su transformación, Newton se convirtió en un sacerdote anglicano y un abolicionista que influyó en el joven William Wilberforce para que mantuviera el rumbo en la Cámara de los Comunes hasta que el comercio de esclavos finalmente fue abolido.

En la película del 2006 *Amazing Grace* (Sublime gracia), John Newton es plasmado como un hombre profundamente atormentado por los recuerdos de los veinte mil esclavos maltratados que fueron

PABLO EL APÓSTOL

Saulo (quien pronto sería llamado Pablo) fue un apóstol de Jesucristo, al igual que los doce que fueron llamados mientras Jesús estaba en la tierra. De acuerdo con los requisitos para ser un apóstol, se estipulaba que tenía que haber visto a Cristo y haber sido nombrado por él. Saulo cumplió ambas exigencias durante su encuentro con Jesús en el camino a Damasco. Como le contó a la iglesia en Corinto: «Por último, como si hubiera nacido en un tiempo que no me correspondía, también lo vi yo. Pues soy el más insignificante de todos los apóstoles» (1 Corintios 15:8-9). Ese encuentro confirmó a Saulo como apóstol. Él había visto a Jesús, y Jesús lo había llamado a hacer su trabajo.

transportados en sus barcos. Sin embargo, sabía que había sido perdonado. Los terribles recuerdos quedaron, pero la culpa había sido quitada. Como más tarde escribió,

¡Sublime gracia del Señor!
Que a un infeliz salvó.
Fui ciego, mas hoy miro yo,
Perdido, y él me halló.

Sí, los recuerdos de nuestros errores del pasado permanecerán con nosotros. Esta es la forma en que funciona nuestra mente. Y nuestro adversario es un experto en traer de nuevo esos oscuros momentos de nuestro pasado y hacerlos desfilar en nuestra cabeza para convencernos de que nuestra conversión no era real.

Pero no debemos confundir la memoria con la culpa. Incluso Saulo recordó las malas acciones de su pasado y menciona estos hechos varias veces en sus cartas. Esos recuerdos continuaron causándole dolor, pero no destruyeron su seguridad de salvación. Al escribir a su joven protegido Timoteo, Pablo expresó su deseo de que otros pudieran ver en su vida la gracia que Dios muestra incluso a los peores pecadores que se arrepienten y se vuelven a él:

> Yo antes blasfemaba el nombre de Cristo. En mi insolencia, yo perseguía a su pueblo; pero Dios tuvo misericordia de mí, porque lo hacía por ignorancia y porque era un incrédulo. ¡Oh, qué tan generoso y lleno de gracia fue el Señor! Me llenó de la fe y del amor que provienen de Cristo Jesús.
>
> La siguiente declaración es digna de confianza, y todos deberían aceptarla: «Cristo Jesús vino al mundo para salvar a los pecadores», de los cuales yo soy el peor de todos. Pero Dios tuvo misericordia de mí, para que Cristo Jesús me usara como principal ejemplo de su gran paciencia aun con los peores pecadores. De esa manera, otros se darán cuenta de que también pueden creer en él y recibir la vida eterna.   1 TIMOTEO 1:13-16

La gracia de Dios supera todo pecado. *Todo* pecado. Los recuerdos del pecado ya no nos tienen cautivos; son simples recuerdos de lo que Jesucristo ha quitado de nosotros.

CAPÍTULO 9

COMIENZOS TORMENTOSOS

✢ ✢ ✢

Un exenemigo redirige su celo

Hechos 9:19-31

DEBE HABER SIDO UNA GRAN sorpresa para la iglesia de Damasco cuando Ananías les presentó a Saulo el domingo siguiente a su conversión. ¿Respondieron con miedo? ¿Asombro? ¿Alegría? ¿Resistencia? ¿Hospitalidad? Debe haber circulado una combinación de todas estas reacciones en la congregación. ¿Podría un enemigo tan feroz haberse realmente convertido? ¿O estaba simplemente fingiendo con el fin de eliminarlos?

Cualquiera que fuera la reacción inicial, la iglesia de Damasco pronto aceptó a Saulo como uno de los suyos. Él necesitaba la comunión con ellos. Necesitaba su perdón y su afirmación. Necesitaba saber que cuando le diera la espalda a su vida anterior, no quedaría suspendido en la tierra de nadie donde no era amigo ni enemigo, no era judío ni cristiano.

Una vez aceptado, Saulo no era el tipo de persona que se sentaría tranquilamente en la banca mientras su corazón ardía con las noticias que tenía para contar. Su lealtad había cambiado, pero su celo no. Los judíos —sus amigos de toda la vida y las personas con quienes compartía su herencia cultural— necesitaban escuchar que a lo que ellos se habían resistido era realmente la verdad: Jesús era el Mesías resucitado. Saulo había experimentado esta verdad de primera mano, y no podía dejar que ellos permanecieran en la oscuridad de su ignorancia. Sabía que era la persona indicada para contarles esta verdad. Después de todo, era uno de ellos, un líder respetado, bien educado y fundamentado en las leyes y las tradiciones judías. Seguramente lo escucharían.

Inmediatamente, Saulo comenzó a visitar las sinagogas judías en Damasco. Su trabajo de diezmar a los creyentes de Jerusalén era conocido en todas partes, y sin duda estos judíos estarían honrados de tener un líder tan famoso dirigiéndose a ellos. Al parecer, la noticia de su conversión a Cristo aún no les había llegado, o si no las puertas habrían estado cerradas para él.

Cuando Saulo comenzó a predicar, los judíos estaban pasmados. Esperaban escucharlo despotricar contra los cristianos advenedizos que les estaban robando conversos a los judíos en cada ciudad. En cambio, les habló acerca de Jesús, diciendo: «¡Él es verdaderamente el Hijo de Dios!» (Hechos 9:20).

Saulo, un cristiano novato en ese momento, no podía saber mucho todavía sobre el funcionamiento interno del cristianismo. Pero el sencillo mensaje de la resurrección de Cristo tenía poder propio, sin necesidad de estar decorado con las galas de la teología. En este punto hizo por necesidad lo que más tarde haría deliberadamente cuando se dirigió a la iglesia de Corinto: predicó el mensaje de Cristo con sencillez. Como les dijo a los corintios: «No me valí de palabras elevadas ni de una sabiduría impresionante para contarles acerca del plan secreto de Dios. Pues decidí que, mientras estuviera con ustedes, olvidaría todo excepto a Jesucristo, el que fue crucificado» (1 Corintios 2:1-2).

Los judíos estaban tan desconcertados como lo estuvieron los creyentes de Damasco cuando apareció en su puerta. Los judíos murmuraban entre sí: «¿No es este el mismo hombre que causó tantos estragos entre los seguidores de Jesús en Jerusalén? [. . .] ¿Y no llegó aquí para arrestarlos y llevarlos encadenados ante los sacerdotes principales?» (Hechos 9:21).

La confusión e incertidumbre desencadenadas por su predicación pueden haber llevado a Saulo a darse cuenta de que todavía no estaba listo para predicar. Decidió abandonar Damasco por el momento. Como explicó en una de sus cartas: «No me apresuré a consultar con ningún ser humano. Tampoco subí a Jerusalén para pedir consejo de los que eran apóstoles antes que yo. En cambio, me fui a la región de Arabia» (Gálatas 1:16-17).

¿Por qué Arabia? No se nos dice, pero el contexto de la declaración de Saulo nos da una posible pista. Dice que no fue a Jerusalén a consultar, lo que indica que sintió la necesidad de asesoramiento para obtener mayor conocimiento y más sabiduría en la proclamación de su fe. Optó por no volver a Jerusalén para aprender de los apóstoles porque su vida estaría en peligro allí. Sus excompañeros lo mirarían como al peor de los traidores. Y su presencia entre los creyentes que permanecían en Jerusalén los pondría en peligro a ellos también. En lugar de arriesgar su vida y la de los creyentes de Jerusalén, se fue al desierto para consultar a Dios.

Aunque no sabemos a qué lugar de Arabia fue Saulo, en su carta a la iglesia de Galacia menciona el monte Sinaí, el monte santo de Dios, como situado en Arabia (Gálatas 4:24-25). La península del Sinaí técnicamente no está en Arabia, pero en ese tiempo los dos lugares habrían estado estrechamente asociados. Dios le había hablado a Moisés en el Sinaí y el profeta Elías había escapado al Sinaí, donde Dios le habló en un momento de crisis y desaliento. Muy posiblemente, Saulo siguió el ejemplo de estas figuras bíblicas y pasó una parte de sus tres años de aislamiento en Arabia, cerca de la montaña sagrada de Dios.

Es razonable asumir que durante este tiempo de estudio y de oración, Saulo se convirtió en un buen conocedor de la teología de su nueva religión, conectando los puntos entre las profecías del Antiguo Testamento y su cumplimiento en Cristo. Después de tres años en Arabia, Saulo regresó a Damasco y una vez más comenzó a predicar en las sinagogas judías.

La alarma cundió entre los líderes judíos al ver cómo los miembros de sus sinagogas comenzaron a fluir al campo cristiano. Estallaron enfrentamientos entre los que se convertían y los que se resistían. Los líderes judíos no podían derrotar a Saulo con argumentos o con persuasión, así que hicieron como habían hecho los líderes del Concilio Supremo cuando se enfrentaron a los apóstoles en Jerusalén: recurrieron a la simple fuerza.

El gobernador de Damasco se unió a los judíos que estaban decididos a matar a Saulo para poner fin a la conmoción. El gobernador ordenó a la guarnición de soldados de Damasco que lo arrestaran cuando lo vieran. Estableció turnos de guardia durante todo el día a las puertas de la ciudad, por lo que era imposible que Saulo pudiera escapar sin caer en sus manos (Hechos 9:23-24).

Sin embargo, algunos de los creyentes de Damasco se enteraron del complot e informaron a Saulo. Obviamente ya no dudaban de la sinceridad de su conversión. Si sus antiguos compañeros estaban decididos a asesinarlo, el cambio en él seguramente era real. Así que idearon su propio complot para rescatarlo. En la oscuridad de la noche aseguraron una cuerda a una cesta grande y bajaron a Saulo deslizándolo por una abertura que había en la muralla de la ciudad, junto con las provisiones necesarias para su viaje. Esta vez Saulo viajó directamente a Jerusalén.

Los creyentes de Jerusalén rechazan a Saulo

Al llegar a Jerusalén, Saulo encontró inmediatamente el lugar donde se reunían los creyentes y se presentó como uno de ellos. Ellos no le creyeron ni por un minuto, y es fácil ver por qué. A diferencia de los creyentes de Damasco, que lo aceptaron después de solo una breve vacilación, los creyentes de Jerusalén habían sufrido en forma directa la crueldad de Saulo. Él había diezmado a la iglesia después de la muerte de Esteban, lanzando a muchos de los creyentes a la cárcel, donde fueron posteriormente condenados a muerte. Los que escaparon de su red habían huido de la ciudad, como lo hizo Felipe, y se habían dispersado en todas las direcciones.

Simplemente no creían que un hombre que había causado tanta devastación podía cambiar, sobre todo hasta el punto de unirse a la causa que anteriormente había intentado aniquilar. Seguramente su conversión era un truco. Pensaron que estaba tratando de infiltrarse en la iglesia para obtener tanta información interna como pudiera: los lugares de reunión de los creyentes y el paradero de los cristianos en otras ciudades. Así que le cerraron sus puertas a Saulo.

EL MONTE SINAÍ

El monte Sinaí es una cumbre escarpada que sobresale unos 2.500 metros sobre el nivel del mar. Se encuentra ubicado en el extremo inferior de la semiárida península del Sinaí, entre Egipto y Arabia. Su nombre en árabe es *Gabal Mūsā*, que significa «monte de Moisés». Este es el lugar donde Dios le habló a Moisés desde una zarza ardiente, el lugar donde los israelitas acamparon después de escapar de la ira del faraón, y la montaña donde Moisés recibió de Dios las tablas de piedra que contenían los diez mandamientos. Los israelitas recién liberados le temían a esta montaña. La Escritura nos dice que su cumbre envuelta en humo retumbó con truenos, brilló con fuego, y el pueblo tembló violentamente (Éxodo 19:16-20). Cuando Moisés descendió de la cima después de cuarenta días en la presencia de Dios, su rostro resplandecía, literalmente. El monte Sinaí fue un lugar importante en la historia de Israel, tanto para judíos como para cristianos.

El pobre hombre necesitaba a alguien que abogara por él, alguien en quien los creyentes confiaran que pudiera dar fe de la autenticidad de su conversión. Afortunadamente, cuando hay una necesidad, Dios provee. Envió precisamente al hombre adecuado para abrirle las puertas de la iglesia de Jerusalén a Saulo. Bernabé, a quien vimos en el capítulo 5 dándoles ánimo a los demás, miraba el lado bueno de todo, incluso de las personas. También era un creyente ejemplar que estaba completamente dedicado a Cristo y a la comunidad de creyentes de Jerusalén.

Cuando Bernabé se enteró del rechazo a Saulo, se encontró con él y escuchó su historia. Bernabé vio que la conversión de Saulo era real, así que lo llevó directamente a reunirse con los apóstoles. Si no hubiera sido por Bernabé, Saulo nunca habría sido aceptado en el grupo de creyentes de Jerusalén.

Saulo fue presentado por Bernabé ante Pedro y Santiago, un hermano de Jesús que se había convertido en un prominente líder de la iglesia de Jerusalén. Si su estadía en Arabia fue la educación de Saulo, su tiempo en Jerusalén fue su período de práctica. Pedro tomó a Saulo bajo su protección durante un par de semanas mientras viajaban predicando, dándole un ejemplo a Saulo sobre cómo anunciar la Buena Noticia. Sin duda alguna, Pedro llevó a Saulo consigo por otra razón también: para darle a Saulo su sello de aprobación. Su respaldo seguramente abriría las puertas que previamente habían estado cerradas para él.

Otro complot contra la vida de Saulo

Mientras viajaba con Pedro, Saulo no cedió en su celo por el mensaje de la resurrección de Cristo. Durante todo el recorrido predicó «con valor en el nombre del Señor» (Hechos 9:28). Una vez más, su audacia incitó oposición que lo metió en problemas. En una parada llevó a cabo un debate con algunos judíos de habla griega, y su insistencia en que el Jesús resucitado era el Mesías los ofendió profundamente. Al igual que los judíos de Damasco, conspiraron para matarlo.

Saulo no sabía nada del complot hasta que estaba orando en el templo y tuvo una visión de Jesús que estaba ahí delante de él. Se le apareció a Saulo para advertirle la amenaza contra su vida.

Le dijo: «¡Date prisa! Sal de Jerusalén, porque la gente de aquí no aceptará tu testimonio acerca de mí» (Hechos 22:18).

El peligro significaba poco para Saulo. Le dijo a Jesús que quería quedarse y enfrentarlo.

Pero el Señor insistió: «¡Ve, porque yo te enviaré lejos, a los gentiles!» (Hechos 22:21).

Jesús tenía un plan totalmente diferente para Saulo. Mientras Saulo estaba dispuesto a permanecer en Jerusalén predicando a sus compañeros judíos, Dios estaba preparándolo para el trabajo por el cual lo conocemos hoy: llevar el evangelio de Cristo a los no judíos de todo el mundo mediterráneo.

Cuando los creyentes de Jerusalén se enteraron del complot contra

LOS VIAJES POR MAR EN EL PRIMER SIGLO

Gracias a Roma, navegar en el Mediterráneo era seguro en lo que a piratas se refiere, pero no era conveniente. En primer lugar, los pasajeros debían empacar tiendas de campaña, alimentos y suministros para toda la travesía. A continuación, debían viajar hasta el puerto de salida y hospedarse en una posada mientras buscaban un barco que zarpara hacia su lugar de destino. Tenían que regatear con el capitán el valor del pasaje, embarcar sus suministros y esperar la salida, que podía tardar días, dependiendo del clima y los presagios. Todos los buques eran barcos mercantes, y solo los ricos conseguían cabinas. Todos los demás acampaban en la cubierta, desafiando el clima y el rocío del mar. No había servicio de alimentos, pero los pasajeros podían preparar su propia comida en la cocina del barco. El día de llegada siempre era incierto, sujeto a los vientos y las inclemencias del tiempo.

la vida de Saulo, lo sacaron rápidamente de la ciudad y lo escoltaron hasta la ciudad portuaria de Cesarea. Allí lo pusieron en un barco que navegaba hacia Tarso, ciudad natal de Saulo en el extremo nororiental del mar Mediterráneo.

Saulo llegó a salvo a Tarso y permaneció allí durante los siguientes siete años, aproximadamente. A este período de la vida de Saulo se le llama a menudo los «años de silencio», porque no hay nada escrito de sus actividades durante este tiempo. Él no vuelve a aparecer en el libro de los Hechos hasta el capítulo 13, donde se le conoce como Pablo, el equivalente griego del nombre hebreo Saulo. El cambio de nombre es apropiado, ya que indica la naturaleza del ministerio en que Saulo se ocuparía durante el resto de su vida. Sería conocido como el apóstol de los gentiles.

✛ ✛ ✛

LAS RÉPLICAS DE LA CONVERSIÓN

Lo que Saulo experimentó en el camino de Damasco fue un terremoto espiritual. Fue una intervención visual, auditiva, emocional y sobrenatural en su vida. Nada fue igual para él después de ese monumental encuentro. Las réplicas de su conversión sacudieron al mundo durante su vida, y continúan haciéndolo hasta hoy.

No todos experimentan una conversión tan radical como la de Saulo. La mayoría de nosotros no ve luces brillantes ni escucha la voz audible del Señor. Entonces, ¿qué podemos aprender de Hechos 9? Hay por lo menos tres lecciones que podemos aprender de las repercusiones de la conversión de Saulo que nos ayudarán hoy, sin importar dónde estemos en nuestro caminar espiritual.

El valor de la paciencia
Una lectura rápida de Hechos capítulo 9 podría llevarnos a suponer que Pablo (vamos a utilizar el nombre con el cual es comúnmente

conocido) comenzó un ministerio exitoso inmediatamente, el cual fluyó sin problemas desde su conversión hacia los viajes misioneros, la plantación de iglesias y las cartas instructivas a las iglesias y a sus protegidos. Pero si tenemos en cuenta los detalles autobiográficos que revela en algunas de sus cartas, podemos ver que su ministerio no se desarrolló de esa manera. En sus primeros años de servir a Cristo, Pablo experimentó tres períodos de reclusión, cada uno más largo que el anterior: pasó tres días ciego y aislado en Damasco, tres años en algún lugar de Arabia y cerca de siete años en su ciudad natal de Tarso.

Dada la naturaleza apasionada de Pablo, Dios sabía que él necesitaba esos períodos alejado del mundo para plantar sus pies firmemente antes de salir disparado desde la plataforma de partida e ir corriendo al ministerio. Dios tuvo que retrasar a Pablo el tiempo suficiente para que absorbiera la sabiduría y el conocimiento necesarios para convertirse en el gran apóstol que estaba destinado a ser.

Cuando tenemos ante nosotros una tarea que se ajusta a nuestras habilidades y que enciende nuestro entusiasmo, con frecuencia sentimos un fuerte impulso por lanzarnos de lleno y con todo y depender de nuestros instintos y nuestro entusiasmo para llevarla a cabo por nuestra cuenta. Pero adentrarnos en algo sin preparación no es por lo general la manera más sabia o más eficiente para completar una tarea. Si alguna vez ha comprado un artículo que requiera ser ensamblado, algo como un columpio para niños o un mueble, es tentador sacar el destornillador y una llave y lanzarse a la tarea haciendo caso omiso de las tediosas instrucciones de paso a paso. Pero es muy probable que empiece por el extremo equivocado o que se salte un paso que era un requisito previo indispensable para una pieza que ya ensambló. Entonces tendrá que retroceder en el proceso, desmontar la pieza que le tomó media hora ensamblar y comenzar de nuevo. Aunque leer las instrucciones requiere cierta inversión, a largo plazo ahorra tiempo y frustración.

Observar el entusiasmo de los nuevos cristianos es algo maravilloso. Muchos recién convertidos quieren entrar de lleno en el ministerio, pidiendo con frecuencia a los líderes de la iglesia que les asignen una gran tarea. Pero ese entusiasmo puede necesitar ser desviado temporalmente. No sofocado, pero reorientado hacia el aprendizaje, el estudio y la formación. No significa que deban perder su entusiasmo o dejar que se evapore hasta transformarse en apatía. En lugar de ello, el celo debe ser canalizado hacia la preparación por algún tiempo.

El líder cristiano y autor J. Oswald Sanders explica por qué esto es tan importante: «"Dios está ansioso de que sus hijos tengan una buena educación", escribió el Dr. S. D. Gordon. Cada hombre que él ha usado ha tenido un curso en la universidad de Arabia, un entrenamiento en el desierto. José, Moisés, Elías, Juan el heraldo, Pablo. . . aún el mismo Hijo divino en los días de su humanidad. Estos son algunos de los distinguidos graduados. [. . .] Los resultados son una amplia perspectiva, unos nervios de acero, una vista y un entendimiento agudos. Resultan una total dependencia de Dios, una absoluta independencia del hombre, una sinceridad infantil, una cálida simpatía y una profunda humildad. Pero la calificación más alta es para la paciencia, el rasgo menos común de todos, el más semejante a Dios, el más difícil y el que toma más tiempo adquirir»[1].

Si usted necesita ejemplos de paciencia en medio de preparación, considere a Moisés, quien pasó cuarenta años pastoreando ovejas en el desierto de Madián antes de que Dios lo llamara a su gran trabajo de sacar a los israelitas de la esclavitud. Jesús mismo pasó cuarenta días en el desierto entre su bautismo y el comienzo de su ministerio.

Permita que estos ejemplos, junto con los tres períodos de aislamiento de Pablo, lo animen a ejercitar la paciencia y a dejar que Dios obre profundamente en su vida mientras lo prepara para que sea una herramienta útil en su mano.

La necesidad de la comunión

El aislamiento para orar y tener comunión directa con Dios tiene un valor real. Leemos que Jesús hizo un esfuerzo por pasar tiempo a

LOS AÑOS DE SILENCIO DE SAULO

No se nos dice lo que hizo Saulo en esos siete años, cuando la iglesia lo envió a su ciudad natal de Tarso para escapar de los asesinos judíos en Jerusalén. En 2 Corintios 6 y 11, él ofrece una sombría letanía de las dificultades que tuvo que soportar en su vida: encarcelamientos, agotamiento, violencia colectiva, insomnio, hambre, palizas con varas y con azotes, lapidaciones, clima frío con ropa inadecuada y tres naufragios. Conociendo el celo y la tenacidad de Saulo, sin duda hablaba en las sinagogas de Tarso, donde tal vez se encontró con muchos conocidos de su pasado. Bien podría ser que algunos de sus golpes y azotes se produjeran como resultado de su predicación allí.

solas con ese mismo propósito. Los tres días que Pablo estuvo en oración aislada antes de que le fuera devuelta la vista lo prepararon para recibir el mensaje y la ministración que le llevó Ananías. Si Pablo, en efecto, fue al monte Sinaí después de escapar de Damasco, no hay duda de que Dios hizo contacto con él allí.

Pero este principio de aislamiento, aunque es muy válido y valioso, lleva consigo una advertencia y una limitación. A menudo escuchamos a la gente decir cosas como: «No necesito ir a la iglesia para ser un buen cristiano. Me encuentro con Dios cuando estoy pescando en el lago o voy de excursión a las montañas o cuando estoy mirando las olas en la playa». Dios está en todos estos lugares, por supuesto. Él está en todas partes. Pero la comunión particular con él nunca fue destinada a ser la totalidad de nuestra experiencia religiosa y, desde luego, no debería ser un estilo de vida.

Cuando Elías descubrió que Jezabel, la malvada reina de Israel, tenía la intención de matarlo, este desanimado y destruido profeta escapó al desierto y luego al monte Sinaí. Dios le habló en el monte, renovó su fuerza y su valor, y le aseguró que no estaba solo en su lucha contra la idolatría en Israel. Dios le dijo que había preservado a siete mil personas piadosas que nunca se habían inclinado ante el ídolo cananeo Baal. Luego envió al renovado y animado Elías de vuelta a la civilización, de regreso a la comunión de los creyentes, para retomar su ministerio con renovada energía y visión (1 Reyes 19:1-18).

Lo mismo puede decirse de Jesús. Después de alejarse de la multitud para orar, siempre volvía para retomar su ministerio. Y podemos estar seguros de que cuando Pablo fue a Arabia, no pasó la totalidad de esos años en el monte Sinaí. Fue un retiro temporal, tras el cual volvió a las zonas pobladas del país para encontrarse con el pueblo de Dios. Sabemos que había seguidores de Cristo en Arabia porque hubo árabes entre los convertidos en el día de Pentecostés (Hechos 2:11).

El cristianismo no se puede vivir en aislamiento; es una religión de comunión. En el capítulo 7, vimos que Pablo, en una de sus cartas, comparó a la iglesia con un cuerpo. Específicamente lo llamó el cuerpo de Cristo. Los cristianos están unidos como uno, conectados entre sí por los tendones y los ligamentos de la comunión y sostenidos por la vida misma de Jesús que fluye a través de cada persona.

Como lo escribió el apóstol Juan: no podemos decir que amamos a Dios si no amamos a nuestros hermanos en la fe. «Si no amamos a quienes podemos ver, ¿cómo vamos a amar a Dios, a quien no podemos ver?» (1 Juan 4:20). Y no podemos amar a nuestros hermanos en la fe si no demostramos el amor a través de nuestras acciones. Debemos estar con ellos a fin de formar parte de ellos. Una de las principales funciones de la iglesia es nutrir, apoyar, ayudar, fortalecer y amar a nuestros hermanos en la fe como si todos formáramos parte de un mismo cuerpo; y, de hecho, es así.

En verdad, es refrescante escapar de las ocupaciones de nuestro mundo y retirarnos a las montañas, al lago o a la orilla del mar. Pero esos son escapes, no el lugar donde vivimos. No somos llamados a vivir en aislamiento sino en comunidad, y después de un período refrescante, regresamos a nuestros hogares y reanudamos nuestras responsabilidades. Lo mismo sucede con nuestra participación en la iglesia. Debemos apartarnos por un tiempo, aislarnos en oración y comunión con Dios para refrescar nuestras almas y recargar nuestros espíritus. Pero estos retiros no son la esencia de nuestra relación con Dios. La vida cristiana no es una escapada; es el lugar al que volvemos, el lugar donde vivimos con nuestras vidas conectadas las unas a las otras. Aislarnos de la comunión con otros cristianos es como cortar una rama de una vid. Se marchita y muere si los nutrientes de la vid no fluyen a través de ella para sostenerla.

Está claro que después de su conversión, Pablo deseaba comunión con otros creyentes. Ananías de inmediato lo presentó a los creyentes de Damasco y allanó el camino para su aceptación. Después de regresar a Jerusalén, se reunió con la comunidad de creyentes allí y finalmente ganó su confianza a través de la intervención de Bernabé.

El rechazo que Pablo experimentó debe haber sido doloroso. Pero estaba comprometido a ser una parte activa del cuerpo vivo de Cristo, y por eso siguió llamando a la puerta cerrada. Se negó a ser disuadido por los miembros de la iglesia que no cumplían con sus propias normas de amor y aceptación.

El poder del estímulo

El nombre de Bernabé aparece más de treinta veces en el libro de los Hechos, así que es obvio que tuvo un rol fundamental en el crecimiento de la iglesia del primer siglo. Al estudiar su vida, es fácil entender por qué causó tal impacto. Era un motivador nato.

Una definición de estímulo sería «el acto de inspirar a otros con renovada valentía, renovado espíritu o una renovada esperanza». Los motivadores toman el valor que poseen y lo dejan fluir a través de ellos hacia alguien que lo necesita desesperadamente. Ese es precisamente el tipo de persona que era Bernabé.

Podemos ser capaces de definir el estímulo con palabras, pero verdaderamente llegamos a conocerlo cuando lo experimentamos a través de la vida y el ejemplo de alguien. En el libro de los Hechos, Lucas nos abre una ventana al ministerio de Bernabé, mostrándonos que la vida de un motivador está marcada por la generosidad y la amabilidad.

LOS MOTIVADORES SON GENEROSOS

La primera vez que encontramos a Bernabé, está dando dinero para el beneficio de otros. Bernabé vendió una parte de su propiedad y luego les dio las ganancias a los apóstoles para la iglesia de Jerusalén. Abrió las manos y dio lo que era suyo para el beneficio de los demás: el sello distintivo de una persona generosa.

Dondequiera que abunde la generosidad, abunda también el estímulo. Bernabé edificó a otros no solo con sus palabras sino también ayudando a satisfacer sus necesidades.

LOS MOTIVADORES SON GENTILES

Bernabé fue el primero de los creyentes en mostrar gentileza al apóstol Pablo cuando fue presentado a la iglesia de Jerusalén. Después de la conversión de Pablo, cuando fue a Jerusalén para reunirse con los otros apóstoles, inicialmente estaban temerosos de él.

Pero hubo una persona de la iglesia que se acercó a Pablo y le dio la bienvenida: Bernabé. Su aceptación de Pablo comunicó este importante mensaje: «Perdono todo lo que está en el pasado. Así como Dios te ha extendido gracia, yo también lo hago».

Años más tarde Bernabé también estuvo presente para animar a Juan Marcos, cuando este tocó fondo tras abandonar a Pablo y a Bernabé en un viaje misionero. Cuando los dos apóstoles mayores iban a iniciar un segundo viaje, Pablo se negó a llevar a Juan Marcos con ellos ya que los había abandonado en el primer viaje. Entonces Bernabé le mostró gracia al joven y lo invitó a viajar con él a Chipre para continuar el trabajo misionero y el aprendizaje en la fe de Juan Marcos. Bernabé vio en Juan Marcos un potencial que solo necesitaba ser desarrollado. Puso su brazo alrededor de los hombros del joven y lo animó a no rendirse (Hechos 15:36-41).

Sin embargo, la capacidad de Bernabé para animar a otros no venía de sus propios méritos. El Espíritu Santo es el animador por excelencia. Él es quien nos aconseja y nos anima desde adentro, así que es lógico que una persona que está llena del Espíritu Santo sea una persona alentadora.

Esta historia de casi cien años atrás pinta un hermoso cuadro del poder del estímulo:

En 1921 Lewis Lawes se convirtió en el alcaide de la prisión de Sing Sing. No había una prisión más difícil que Sing Sing en ese tiempo. Pero cuando el alcaide Lawes se retiró unos 20 años más tarde, la prisión se había convertido en una institución humanitaria. Quienes estudiaron el sistema le dieron a Lawes todo el crédito por el cambio. Pero cuando le preguntaron acerca de la transformación, esto es lo que dijo: «Todo se lo debo a mi maravillosa esposa, Catherine, que está enterrada afuera de los muros de la prisión».

Catherine Lawes era una joven madre con tres niños pequeños cuando su marido se convirtió en el alcaide. Todo el mundo le advirtió desde el principio que nunca debía poner un pie dentro de los muros de la cárcel, ¡pero eso no detuvo a Catherine! Cuando se celebró el primer partido de baloncesto de la prisión, ella asistió, [. . .] caminó por el gimnasio con sus tres hermosos hijos y se sentó en las gradas con los internos.

Su actitud era: «Mi marido y yo vamos a cuidar de estos hombres y ¡yo creo que ellos van a cuidar de mí! No tengo de qué preocuparme». Insistió en familiarizarse con ellos y sus registros. Descubrió que un asesino convicto estaba ciego, por lo que le hizo una visita. Sosteniendo su mano en las de ella, le dijo, «¿Lee Braille?».

«¿Qué es Braille?», preguntó él. Entonces ella le enseñó a leer. Años más tarde, él lloraría de amor por ella.

Más tarde, Catherine encontró un sordomudo en la cárcel. Ella fue a la escuela para aprender a utilizar el lenguaje de señas. Muchos decían que Catherine Lawes era el cuerpo de Jesús que había vuelto a la vida de nuevo en Sing Sing entre 1921 y 1937.

Luego, ella murió en un accidente automovilístico. A la mañana siguiente Lewis Lawes no fue a trabajar, por lo que el alcaide suplente tomó su lugar. Al parecer, casi al instante supieron en la prisión que algo andaba mal.

Al día siguiente, el cuerpo de ella descansaba en un ataúd en su casa, como a un kilómetro de la prisión. Mientras el alcaide suplente hacía su caminata matinal, se sorprendió al ver una gran multitud de los criminales más difíciles y de aspecto más duro reunidos como una manada de animales en la puerta principal. Se acercó y observó lágrimas de dolor y tristeza. Sabía lo mucho que amaban a Catherine.

Dio la vuelta y se enfrentó a los hombres: «Muy bien, hombres, pueden ir. ¡Solo asegúrense de estar de regreso esta noche!».

Entonces les abrió la puerta y un desfile de criminales caminó, sin un guardia, el kilómetro que los separaba de la casa de los Lawes para pararse en fila y presentarle sus últimos respetos a Catherine. Y cada uno de ellos regresó de nuevo. ¡Cada uno!»[2].

Ese es el poder de un motivador. No sé que exista algo de lo cual tengamos hoy más necesidad que de los motivadores: un sinnúmero de Bernabés que se edifiquen unos a otros. El mundo puede ser un lugar desalentador, pero Dios no tiene la intención de que luchemos solos en esta vida. Nos ha dado los unos a los otros de manera que su valentía y su esperanza puedan fluir de nosotros al mundo.

CAPÍTULO 10

LA VIDA QUE DIOS BENDICE

✝ ✝ ✝

El viaje ministerial personal de Pedro

Hechos 9:31-43

MIENTRAS QUE SAULO, el feroz perseguidor, aterrorizaba a los creyentes en Jerusalén, la iglesia estaba en continua agitación. Los creyentes huyeron de la ciudad y se esparcieron por toda Judea, Galilea, Samaria, Siria y otros países lejanos. Pero cuando Saulo mismo se convirtió en creyente, «la iglesia, entonces, tuvo paz por toda Judea, Galilea y Samaria» (Hechos 9:31).

Aunque el ataque contra la iglesia fue traumático y perturbador, tuvo efectos positivos a largo plazo. Por un lado, estimuló a que la Buena Noticia de Jesucristo echara raíces en otras ciudades y provincias. Además, la paz que siguió a la persecución parecía desencadenar una nueva explosión de energía en Jerusalén. Los creyentes perseguidos habían sondeado la profundidad de su compromiso, y cuando terminaron las dificultades, ese compromiso se expresó en una explosión de evangelismo por el poder del Espíritu Santo. La iglesia se hizo aún más fuerte y creció en número.

Otra sanidad milagrosa

Terminada la crisis, los apóstoles ya no tuvieron que mantenerse ocultos y gastar su tiempo y energía en controlar el caos. Pedro decidió que era un buen momento para ausentarse de Jerusalén y salir en una gira de cuidado pastoral. Viajó a varios de los pueblos en los que se habían reubicado los creyentes de Jerusalén, sin duda para ver cómo les iba y para animarlos en su fe.

Cuando estos creyentes salieron de Jerusalén, el cordón umbilical había sido cortado. Ya no tenían una conexión diaria con los apóstoles y los líderes de la iglesia establecida en Jerusalén. Podemos estar seguros de que Pedro deseaba que estos creyentes supieran que todavía eran una sola iglesia, parte del gran cuerpo de Cristo y todos conectados por su vínculo común de amor de los unos por los otros y por Dios.

En una de sus paradas, Pedro llegó a la ciudad de Lida y se reunió con los creyentes de allí. Este debe haber sido un feliz reencuentro con mucha de la gente que había conocido en Jerusalén. Mientras que estaba en la ciudad, le presentaron a un hombre llamado Eneas. No se nos dice mucho acerca de Eneas aparte de su nombre y su condición. Ocho años antes, Eneas había quedado paralizado ya fuera por enfermedad o por accidente, y no podía caminar. Estaba totalmente postrado en cama.

No sabemos si este hombre era un creyente. Tal vez era un amigo o vecino de un cristiano, quien llevó a Pedro a la cabecera del hombre con la esperanza de un milagro de sanidad. O quizás Pedro predicó mientras estaba en Lida y este hombre estaba entre la multitud, llevado allí en su camilla.

Sea quien fuera Eneas, y cómo fuera que llegó a encontrarse con Pedro, esta reunión tuvo repercusiones significativas que llegaron a oídos de toda la ciudad. Cuando Pedro vio al paralítico acostado indefenso en su camilla, le dijo, «Eneas, ¡Jesucristo te sana! ¡Levántate y enrolla tu camilla!» (Hechos 9:34).

Eneas fue sanado instantáneamente. Fue muy similar a cuando

Pedro y Juan sanaron al hombre lisiado en la puerta del templo. Aunque Eneas había estado paralizado durante casi una década, sus piernas atrofiadas ahora se llenaron con poder instantáneo y músculos tonificados. Fue capaz de caminar de inmediato, sin tener que reaprender el equilibrio y el control muscular. Eneas se levantó, enrolló su camilla y se alejó como si nunca hubiera estado impedido.

Los habitantes de Lida nunca habían visto nada igual. Allí estaba un hombre que había estado postrado en cama por ocho años y que ahora estaba completamente sano. Era claro que había ocurrido un milagro asombroso, y el hombre que había realizado la proeza la había atribuido por completo al poder de Jesucristo

No hay duda de que estas personas ya habían oído hablar de Jesús, pues la noticia de su crucifixión y los rumores de su resurrección se habían extendido mucho más allá de Jerusalén. Los discípulos que habían huido de la persecución de Saulo seguramente habrían contado la historia también. Ahora las personas estaban presenciando la confirmación de lo que estos recién llegados habían estado proclamando. Debía ser verdad: Jesucristo había resucitado de entre los muertos. La curación de Eneas demostró que Jesús estaba vivo y muy involucrado en los asuntos de la gente.

Los ciudadanos de Lida reaccionaron de manera muy diferente a los judíos de Jerusalén cuando Pedro había sanado al hombre lisiado en la puerta del templo. Aquí, nadie lo arrestó. Nadie lo arrastró al concilio para un juicio y encarcelamiento. De hecho, su reacción fue todo lo contrario: la población entera de Lida y los que vivían alrededor en la llanura de Sarón se volvieron al Señor y se convirtieron en creyentes. Este acto aparte de curación produjo resultados enormes y de gran alcance.

Una mujer de gracia . . . y una muerte trágica

En Jope, un cercano pueblo porteño, vivía una mujer judía llamada Tabita que se había convertido en una creyente en Cristo. Su nombre arameo era Tabita, pero la traducción al griego era Dorcas, el nombre con el cual se le conoce hoy. Ambos nombres significan «gacela», que en la poesía del Medio Oriente era un animal a menudo asociado con la gracia femenina y la belleza.

Dorcas vivía a la altura de su nombre. Sus acciones benevolentes irradiaban la belleza de su espíritu generoso y cariñoso. Era una costurera talentosa y prolífica que hacía mantos, trajes, tocados para la cabeza y todo tipo de ropa para las viudas de la iglesia de Jope. Es probable que ella fuera una mujer de buenos recursos económicos, lo que le permitía invertir tiempo y materiales en su ministerio. Algunos eruditos han especulado que ella misma era viuda y que su marido le había dejado una importante cantidad de dinero.

Las habilidades de Dorcas eran humildes y no cosechaban adulación general o reconocimiento público. Después de todo, la gente no tiende a pensar que las costureras pueden tener influencia de largo

EL PUEBLO DE LIDA

Lida estaba ubicada en Judea, a unos dieciséis kilómetros tierra adentro desde la ciudad costera mediterránea de Jope. Después de que los israelitas conquistaron Canaán, la tribu de Benjamín fundó la ciudad y la llamó Lod. Ubicada en el cruce de las rutas comerciales de Jerusalén a Jope y de Babilonia a Egipto, Lod se convirtió en un centro donde paraban las caravanas para reabastecer los suministros y reparar los equipos. Las habilidades de reparación y fabricación que desarrollaron para dar servicio a estas caravanas le dieron a la zona su apodo: «valle de los artesanos». Los exiliados que regresaron de Babilonia reconstruyeron Lod en el siglo V a. C. Posteriormente fue conquistada por los griegos y luego por los romanos, junto con el resto de Israel. Hoy Lida, adyacente a Tel Aviv y hogar del aeropuerto Ben Gurion, sigue siendo un núcleo del transporte.

alcance. Pero eso no le importaba a Dorcas. Era algo que podía hacer, así que lo hacía calladamente, de manera eficiente y consistente, sin esperar recompensa ni aplauso. Esta modesta y caritativa mujer con un espíritu tan hermoso como una gacela era un recurso invaluable para las creyentes viudas de Jope.

Un día Dorcas se enfermó. Y en vez de mejorar, empeoró progresivamente hasta que murió. Las mujeres necesitadas de la comunidad lavaron su cuerpo para el entierro, pero en lugar de continuar con el paso siguiente de envolver el cuerpo con especias para embalsamar, lo guardaron en una habitación de la planta alta. Este fue un cambio muy inusual, ya que era costumbre envolver de inmediato un cuerpo muerto. Sin las sofisticadas técnicas de embalsamamiento disponibles en la actualidad, los cuerpos no podían ser dejados a la intemperie durante un lapso significativo de tiempo.

La razón para dejar de lado esta costumbre era que algunos de los creyentes sabían que Pedro estaba en la cercana ciudad de Lida. Las noticias de la curación del paralítico se habían extendido, y los creyentes también sabían que Jesús había resucitado al hijo de una viuda de entre los muertos. ¿Sería posible que Pedro fuera capaz de levantar a Dorcas? Valía la pena suspender el proceso de preparación hasta que pudiera ser contactado.

La iglesia envió a dos hombres a Lida para encontrar a Pedro. Le suplicaron que dejara todo y los acompañara a Jope, y él estuvo de acuerdo. Llevaron a Pedro a la casa de Dorcas, cuyo cuerpo lo esperaba en la habitación de la planta alta.

Pedro podía oír las lamentaciones de las viudas mientras subía las escaleras. Aunque la costumbre común de la época era contratar plañideras, no habría sido necesario para Dorcas. El llanto de las mujeres reunidas alrededor de su cuerpo era real y sin simulación. Pedro entró a una habitación llena de las afligidas viudas. Al verlo, se reunieron alrededor para mostrarle mantos, trajes, tocados y otros artículos de ropa que Dorcas había hecho para ellas.

Pedro miró el cuerpo de Dorcas acostado en la cama y les pidió a las entristecidas viudas que salieran de la habitación. Es posible que quisiera tranquilidad para poder centrarse en sus oraciones de súplica. O tal vez no quería llamar la atención de ellas sobre su propia actividad, que podría llevarlas a darle la gloria a él por este milagro en lugar de dársela a Dios. O quizás recordó cuando Jesús hizo que todos salieran de la habitación antes de levantar a la hija de Jairo de entre los muertos. Puede ser que simplemente quería seguir el patrón establecido por su maestro (Marcos 5:40).

Una vez despejada la habitación, Pedro se arrodilló y oró. Después de algún tiempo en comunión con Dios, se puso de pie, se volvió hacia el cuerpo sobre la cama y dijo: «¡Tabita, levántate!» (Hechos 9:40).

Ella abrió los ojos, y al ver a Pedro de pie a su lado, se sentó, viva de nuevo y completamente curada de la enfermedad que le había causado su muerte. Él estiró la mano y la ayudó a ponerse de pie junto a la cama. Luego llamó a las viudas y a los otros creyentes que habían estado esperando afuera. Entraron en la habitación boquiabiertos de asombro, pero llenos de gozo indescriptible al ver a su amada Dorcas otra vez con vida y rebosante de salud.

Las noticias del evento se extendieron rápidamente, y muchos de los que lo oyeron o vieron a Dorcas con vida se convirtieron en creyentes. Una mujer muerta solo podría haber sido devuelta a la vida por el poder de Jesucristo, que había derrotado a la muerte con su propia resurrección. De nuevo, el ministerio privado de Pedro generó oleadas que se propagaron para lograr cosas aún más grandes.

Pedro se quedó en Jope por un tiempo. Se hospedó en la casa de un creyente llamado Simón, quien era curtidor de pieles. La labor de curtidor era considerada una profesión inmunda para los judíos, quienes tenían prohibido tocar los cuerpos de los animales muertos. Pero como veremos en el próximo capítulo, la aceptación de Simón por parte de Pedro sirvió como preludio de algo más grande que aún estaba por venir.

LA CIUDAD DE JOPE

Jope es una antigua ciudad israelí situada en la costa mediterránea. No sabemos exactamente cuántos años tiene, pero el faraón egipcio Tutmosis incluyó a Jope en la lista de sus conquistas en el siglo XV a. C. Cuando los israelitas conquistaron y dividieron a Canaán, aproximadamente en el año 1228 a. C., la tribu de Dan heredó a Jope (Josué 19:40-48). El rey Hiram transportó troncos de cedro haciéndolos flotar desde el Líbano hasta Jope para la construcción del templo de Salomón (2 Crónicas 2:16). Esdras utilizó el puerto con el mismo fin cuando los israelitas reconstruyeron el templo después de regresar del exilio en Babilonia (Esdras 3:7). El profeta Jonás zarpó de Jope a Tarsis antes de terminar en Nínive (Jonás 1:3). Jope, ahora llamada Jaffa o Yafo, es actualmente parte de Tel Aviv. Cedió su condición de puerto principal a los puertos de Ashdod y Haifa.

✦ ✦ ✦

¿Qué clase de persona usa Dios?

Cuando Dios tiene una tarea para realizar, podríamos pensar que la asignaría a una persona ociosa que tiene tiempo para hacerla. Pero parece ser lo contrario. Le gusta usar a la gente que quiere trabajar. A las personas que son proactivas y están motivadas para hacer cosas. La gente que no se sienta a esperar que las cosas sucedan, sino que hacen que las cosas sucedan.

Pedro era una de esas personas. Estaba siempre en movimiento, y algunas veces su energía brotaba en forma de acciones y declaraciones impulsivas. Una vez, estando cansado de esperar, dijo a los otros discípulos: «Me voy a pescar». Luego, cuando vio a Jesús que estaba en la orilla del mar de Galilea, saltó del barco y nadó hasta él (Juan 21). Impresionado por la presencia transfigurada de Moisés, de Elías y de Jesús, Pedro proclamó que quería construir un monumento para cada uno de ellos (Mateo 17:1-4). Cuando Jesús fue arrestado en Getsemaní, Pedro arremetió con su espada, determinado a que no se llevarían a Jesús sin pelear (Juan 18:10).

Al principio de su vida, la energía de Pedro fue circunstancial e inmadura, pero Dios la canalizó para el bien. Después de que el Espíritu Santo llenó a Pedro en el día de Pentecostés, esa energía fue aprovechada para un ministerio productivo que fue muy útil en la iglesia naciente.

Cuando las cosas se calmaron después de la persecución a la iglesia de Jerusalén, Pedro se negó a sentarse y tomar un respiro. Se lanzó a Judea y a Samaria, fortaleciendo a los creyentes de las iglesias de allí. Al moverse de esta manera, Pedro demostró varios atributos importantes de las personas que son usadas por Dios.

VESTIMENTA EN LOS TIEMPOS DE LA BIBLIA

Casi toda la ropa usada en la antigüedad estaba hecha de lana o de lino. Tejer telas en telares era un oficio profesional, pero las mujeres realizaban la elaboración de la ropa en casa. En las familias pobres, las mujeres estaban involucradas en todo el proceso: desde el hilado de las fibras para volverlas hebras, a la confección de la tela en pequeños telares y después al teñido de los tejidos con tintes a base de plantas o piedras blandas pulverizadas por ellas mismas. Las mujeres también cortaban trozos de tela y los cosían juntos. La ropa que la gente llevaba era muy simple, consistiendo de taparrabos como ropa interior, túnicas, mantos ligeros o pesados, túnicas de diferentes pesos, chales y tocados para la cabeza, ya fueran simples para el trabajo o decorativos para ocasiones especiales.

Dios usa gente humilde

Desde Pentecostés, Pedro fue el líder reconocido de la iglesia, el hombre de confianza para los cristianos de Jerusalén y más allá. No solo era el líder de los otros apóstoles, sino que también era un predicador eficaz cuyos sermones ya habían atraído a miles de personas a la fe. Era una figura muy visible en la iglesia naciente, admirado por los creyentes y un objetivo prioritario para los enemigos de la iglesia.

Pero entonces este importante líder y orador, que ejercía influencia sobre miles, emprendió por cuenta propia una visita a iglesias nacientes en los pueblos rurales. No se fue con un séquito o con guardaespaldas. No invitó a los periodistas a moverse alrededor de él y dar a conocer sus éxitos. No alineó a dignatarios y seguidores para que le dieran la bienvenida a su llegada.

El único propósito de Pedro era ver si podía ser de alguna ayuda para los cristianos desplazados por la persecución en Jerusalén. Sus acciones comunicaban un profundo nivel de humildad. Pedro no tenía un elevado sentido de su propia importancia; se veía a sí mismo simplemente como un siervo de Cristo. Sin importar que el trabajo fuera extenso y majestuoso o pequeño e inadvertido, estaba encantado de hacerlo.

La humildad de Pedro está representada en su voluntad para servir en situaciones privadas. En este capítulo, lo vemos enfocándose en las personas, tanto en la curación de Eneas como en levantar a Dorcas de entre los muertos. La Escritura no registra que haya predicado en Lida ni en Jope (aunque bien podría haberlo hecho). Si lo hizo, al parecer esos sermones no fueron los acontecimientos más importantes de su ministerio en esas ciudades. Los aspectos más destacados fueron sus humildes contactos privados con las personas comunes y corrientes.

La humildad de Pedro se demostró aún más por su cuidado en desviar la gloria lejos de sí mismo y ponerla en Cristo. Pedro no fue el sanador; era simplemente un instrumento en manos del verdadero sanador. Hizo todo lo posible para asegurarse de que eso estuviera claro a los ojos de sus observadores.

No importa el llamado que se nos haya hecho, sea que estemos cuidando a las viudas o predicando sermones o cosiendo ropa, Dios quiere que sirvamos con humildad, dándole a él la gloria y reconociendo que todo lo que tenemos para ofrecer es en última instancia un regalo de él.

Dios usa gente que está disponible

Dos veces en Hechos 9, Pedro fue motivado a dejar un ministerio y dedicarse a otro. En primer lugar, dejó su posición de liderazgo en Jerusalén para embarcarse en su gira por varias iglesias. Podemos estar seguros de que fue el Espíritu Santo quien impulsó a Pedro a hacer esto. En segundo lugar, Pedro fue llamado a salir de Lida y viajar a Jope. Aunque fueron personas quienes le hicieron el llamado, estos hombres no eran más que agentes del Espíritu Santo. En ambas ocasiones, Pedro no dudó. De manera figurativa desenterró las estacas de su tienda y se trasladó a la siguiente tarea que Dios tenía para él.

Como cristianos, tenemos que aprender a «no tener raíces», en el mejor sentido. Es decir, cuando Dios establece una tarea para nosotros, no debemos ser tan cómodos o estar tan apegados a lo que estamos haciendo que nos cerremos a una tarea diferente o a un lugar diferente en el futuro.

A menudo, la recompensa por el trabajo bien hecho es recibir otra tarea. En el libro de C. S. Lewis, *The Horse and His Boy* (*El caballo y el muchacho*), Shasta, el muchacho, acaba de terminar un largo y agotador viaje a través de un vasto desierto para advertir a un rey bueno de un ataque inminente. Su compañero está herido y sus dos caballos están agotados cuando llegan a la casa del Ermitaño de la Frontera Sur al borde del desierto. Shasta quiere colapsar y recuperarse de su terrible travesía, pero el ermitaño le dice que no puede hacerlo. Que debe continuar inmediatamente. «Si corres de inmediato, sin descansar ni un momento, llegarás a tiempo para prevenir al Rey Lune».

La historia continúa:

A Shasta se le fue el alma a los pies al oír estas palabras, porque sentía que ya no le quedaban fuerzas. Y se amargó para sus adentros por lo cruel e injusta que le parecía la petición. Todavía no había aprendido que si haces una buena acción, por lo general tu recompensa será tener que hacer otra más, y más difícil y mejor. Pero en voz alta solo dijo: «¿Dónde está el Rey?»[1].

Shasta es un ejemplo de la advertencia del apóstol Pablo a los gálatas: «No nos cansemos de hacer el bien. A su debido tiempo, cosecharemos numerosas bendiciones si no nos damos por vencidos» (Gálatas 6:9). Puede que pensemos que ya hemos hecho todo lo que se requiere de nosotros. Pero la vida cristiana es una de autosacrificio. Cuando llega otra llamada, debemos ir, sabiendo que Dios nos bendecirá por estar a su disposición.

Dios usa personas dependientes

Pedro sabía que no tenía el poder para resucitar a Dorcas de los muertos. Eso solo se podía hacer por el poder de Dios. Mandó salir a las viudas de la habitación y oró fervientemente a Dios para volver a esta mujer a la vida. Era una expresión de su completa dependencia de Dios y su poder.

Hubiera sido fácil para Pedro permitir que sus recientes éxitos se le subieran a la cabeza, llevándolo a pensar que tenía resuelto todo este asunto del cristianismo. He visto que esto le ha sucedido a muchos cristianos, incluyendo a pastores. Cuanto más pensamos que logramos «para Dios», más nos olvidamos de que en realidad es Dios quien está cumpliendo su voluntad a través de nosotros.

Cada oración sincera es una expresión de dependencia de Dios. Si dejamos de orar, por defecto estamos expresando lo contrario. Esencialmente estamos diciendo, «No te necesito para organizar mi vida; puedo hacerlo muy bien por mí mismo, muchas gracias». A menudo no nos damos cuenta de qué tan descabellado es en realidad tal intento de independencia. La oración es la Declaración de Dependencia del cristiano, y no debemos ser negligentes en la práctica de la misma.

En algún momento a finales del siglo XIX, cinco jóvenes fueron al Tabernáculo Metropolitano de Londres para escuchar hablar al gran Charles Spurgeon. Llegaron temprano y encontraron las puertas cerradas, por lo que se sentaron en los escalones y esperaron. Pronto un hombre se acercó y les preguntó qué estaban haciendo. Se lo explicaron y, en respuesta, él les preguntó si querían ver el aparato de calentamiento de la iglesia. Sin nada mejor que hacer, estuvieron de acuerdo. El hombre los llevó escaleras abajo, por debajo del edificio. Al final de un largo pasillo, entraron en una habitación llena con setecientas personas, todas orando. «Este —les dijo Charles Spurgeon a sus sorprendidos invitados— es el aparato de calentamiento de esta iglesia».

Spurgeon estaba haciendo una declaración de su dependencia de Dios. Sabía que su iglesia estaba tocando al mundo no por él ni por su predicación, sino por lo que Dios estaba haciendo.

Dios usa personas flexibles

En el último versículo de Hechos 9 leemos: «Pedro se quedó mucho tiempo en Jope, viviendo con Simón, un curtidor de pieles» (Hechos 9:43). Este pequeño versículo tiene mayor significado del que pudiéramos pensar. Un curtidor se encarga de los cuerpos de los animales muertos, desollándolos, raspando sus pieles y tratándolas con soluciones que las transforman en cuero flexible. Los curtidores eran considerados impuros por la ley judía debido a su continuo contacto con cadáveres de animales (Levítico 11). No se les permitía el acceso a las sinagogas y eran considerados parias por la sociedad judía.

Sin embargo, Pedro, nacido y criado bajo la ley judía, estuvo dispuesto no solo a asociarse con este curtidor, sino también a ser su huésped por un prolongado período de tiempo. Aunque muchos judíos eran inflexibles en cualquier punto de la ley, Pedro había aprendido de la asociación de su maestro con los marginados de su tiempo (como los samaritanos, los recaudadores de impuestos, las prostitutas y los leprosos) que las personas son más importantes que el legalismo y las tradiciones.

Pedro habría recordado lo que Jesús les había dicho a los fariseos cuando se quejaron de que Jesús estaba violando la ley judía por curar en el día de descanso: «El día de descanso se hizo para satisfacer las necesidades de la gente, y no para que la gente satisfaga los requisitos del día de descanso» (Marcos 2:27). Ahora Pedro estaba aplicando ese principio en un nivel más amplio y aceptando a las personas que eran consideradas excluidas por los rígidos intérpretes de la ley. Pedro era lo suficientemente flexible como para no quedar atrapado en las equivocadas tradiciones del pasado.

Su flexibilidad pronto iba a ser probada hasta el extremo, como veremos en el siguiente capítulo. Su asociación con Simón puede haber sido un paso preparatorio para que estuviera listo para esa prueba.

Cuando Dios nos llama a hacer algo fuera de nuestras zonas de comodidad, ¿estamos lo suficientemente abiertos como para decir que sí? ¿O nos aferramos tan fuertemente a la manera en que siempre hemos hecho las cosas que perdemos la alegría de servir y de conectarnos con aquellos que son diferentes a nosotros?

Un ministerio de bondad

El trabajo que Dorcas hacía no era ni espectacular ni público, como era gran parte del ministerio de Pedro. Pero de alguna manera era bastante similar. Pedro había dejado temporalmente su ministerio muy visible por un servicio privado para la gente común en lugares comunes. El ministerio de Dorcas también era uno tranquilo, sirviendo a la gente común. Aunque puede que el poder de Dios no sea tan evidente en la aguja y el hilo de ella como lo fue en el liderazgo y la predicación de Pedro, ciertamente estaba allí. Cuando se trata de ministerio y de servicio a los demás, Dios está en las cosas pequeñas tan completamente como lo está en las cosas grandes.

Todos nosotros hemos conocido a unas Dorcas en nuestro tiempo: siervos de Dios ordinarios, tras bastidores, que utilizan sus talentos en formas pequeñas sin recibir gloria ni aplauso. En la estimación de Dios, estos siervos tranquilos y humildes son grandes santos en la iglesia. Aunque su ministerio puede parecer pequeño desde una perspectiva humana, está lejos de ser ordinario para Dios.

Hace poco me enteré de una mujer de noventa y nueve años de edad que había sufrido dos derrames cerebrales y apenas podía moverse, aun con la ayuda de un andador. Durante años, sus manos habían estado dolorosamente artríticas, con los nudillos y las articulaciones inflamados en bultos nudosos, y no podía flexionar sus dedos sin dolor. Esta mujer había dedicado su vida a la costura y al arreglo de ropa para los demás. Los efectos de los derrames y de la artritis hacían que este trabajo fuera imposible, por lo que se dedicó a tejer. Lo mejor que podía hacer con las manos dañadas eran paños de cocina. Así que, hacía paños de cocina. Trabajando día a día a través de los años, hizo cientos de paños de cocina, todos de colores brillantes y duraderos. Se los regalaba a todo aquel que la visitara y otros los enviaba a familiares y amigos.

En realidad, los paños de cocina no son productos de gran valor, pero todos los que tienen un hogar los necesitan. Esta querida mujer no se preocupó de que su ministerio pareciera pequeño e insignificante. Continuó haciendo paños de cocina, ya que, en su condición disminuida, era lo único que podía hacer. Era su ministerio, y les puedo asegurar que Dios estaba en él.

Los efectos de largo alcance de las obras pequeñas

La teoría del caos es un principio matemático que dice que el comportamiento de los sistemas dinámicos es muy sensible a las condiciones iniciales. Un ejemplo de este principio es el efecto mariposa, el cual sugiere que el volumen de aire desplazado por las alas de una mariposa puede, semanas más tarde, influir en la formación y la trayectoria de un tornado.

Al igual que la caída de fichas de dominó, cada acción provoca una cadena de reacciones que ondulan a través del tiempo e influyen en el futuro de maneras impredecibles. Mucha gente ha visto un maravilloso ejemplo de este principio en la clásica película *It's a Wonderful Life* (*Qué bello es vivir*), protagonizada por James Stewart y Donna Reed. Eventos inesperados obligan a George Bailey a abandonar su sueño de convertirse en arquitecto, y a pasar su vida en su pequeño pueblo natal, Bedford Falls, luchando por dirigir el negocio familiar de construcción y préstamos.

Al perder las ganancias del negocio, se produce una crisis. El banco se hundirá, y George, aunque inocente, será acusado de un delito grave. Pensando que su vida ha sido un completo fracaso, decide quitársela para que su póliza de seguro mantenga a su familia. Pero un ángel inepto llamado Clarence impide el suicidio y le muestra a George cómo hubieran sido de diferentes las cosas si él nunca hubiera nacido. Sin George para salvarlo de ahogarse, su hermano no habría sido capaz de evitar la muerte de todos los que estaban en un barco de transporte durante la guerra. Sin George, quien le impidió cometer un error fatal, el farmacéutico de la comunidad habría pasado veinte años en la cárcel y se hubiera hundido sin esperanza en el alcoholismo. Sin George como su marido, Mary Hatch habría caminado penosamente por la vida como una mujer soltera y solitaria. Sin George para mantener abierto el negocio de construcción y préstamos, el malvado señor Potter se habría apoderado de Bedford Falls, convirtiéndolo en un barrio pobre de viviendas precarias y de corrupción.

George Bailey había pensado que su vida era un fracaso. Nunca se convirtió en el arquitecto de los grandes edificios de que soñaba. Pero como el ángel le mostró, cada pequeña cosa buena que hizo creó un efecto dominó que, con el tiempo, resultó en enormes bendiciones.

Cuando el apóstol Pedro sanó a un hombre en un pueblo aparentemente insignificante, no sabía que este acto causaría que toda la ciudad y el valle alrededor de ella se acercaran al Señor. Cuando oró por el retorno de la vida de Dorcas, no sabía que levantar a esta mujer de entre los muertos causaría que tanta gente en su pueblo creyera que Jesús había resucitado de la muerte.

Mientras Dorcas tiraba de la aguja a través de la tela, una puntada a la vez, día tras día, no sabía que sus pequeños actos de bondad influirían tanto en los creyentes que su muerte dejaría un vacío imposible de llenar en la iglesia. La mujer artrítica que tejía los paños de cocina no se daba cuenta de cómo sus brillantes hilos y su generosidad podrían tocar el corazón de algún desanimado beneficiario.

Cada pequeño acto, cada acto de bondad —por insignificante que pueda parecer— es de crucial importancia. Los resultados a largo plazo pueden ser impresionantes. Es por eso que cada uno de nosotros debe ser diligente al realizar las tareas que se nos pongan delante con todo nuestro corazón, nuestra alma y nuestra mente. No debemos esperar los grandes trabajos. Los pequeños son tan cruciales como los grandes. Si los pequeños no se hacen, tampoco se harán los grandes. Esas pequeñas tareas sientan las bases sobre las cuales Dios construye.

La antigua canción titulada «Little Is Much When God Is in It» (Poco es mucho cuando Dios está en ello) expresa con elocuencia este concepto de servir de maneras ordinarias y humildes.

¡Poco es mucho cuando Dios está en ello!
No trabajes por fama ni por riquezas.
Hay una corona —y la ganarás,
Si vas en el nombre de Jesús[2].

CAPÍTULO 11

UNA PARED SE DERRUMBA

✝ ✝ ✝

La conversión del primer gentil

Hechos 10

EN EL PRIMER SIGLO, Cesarea era una gran ciudad, un centro cosmopolita de comercio, de transporte, y de las culturas romana y griega. La mayoría de sus ciudadanos seguían rituales paganos, incluyendo la adoración sensual en los templos honrando a dioses y diosas griegos y romanos. Cesarea era la sede del gobernador romano de Judea y la ubicación de una importante guarnición militar romana, que servía de base a las legiones romanas estacionadas en Judea.

Uno de los oficiales sobresalientes del ejército en la guarnición de Cesarea era un centurión llamado Cornelio, quien era capitán del regimiento italiano. Su alta posición en el ejército romano indica que debe haber sido resistente, disciplinado, bien entrenado y valiente. Sin embargo, Cornelio era un hombre singular. Aunque vivía en una ciudad dominada por el paganismo y ejercía una profesión que no se destacaba por la sensibilidad, era un monoteísta devoto y moral.

Se sintió atraído por la religión de los judíos, al igual que todos los miembros de su familia. Cuanto más aprendía de ella, más devoto se hacía. La Biblia lo describe de esta manera: «Daba generosamente a los pobres y oraba a Dios con frecuencia» (Hechos 10:2).

Aunque era un gentil y un oficial del ejército que había conquistado a Israel, los judíos de Cesarea habían llegado a admirar a Cornelio por su piedad y su generosidad. También mantenía una disciplinada vida de oración. Esto puede significar que asistía a la sinagoga judía con regularidad, aunque como gentil habría estado sentado en una sección separada y no habría podido participar plenamente en las ceremonias.

Una tarde, a eso de las tres, Cornelio estaba en profunda oración cuando, de la nada, apareció delante de él un hombre vistiendo ropas deslumbrantes.

«¡Cornelio!», dijo el ángel.

Aunque era valiente, Cornelio estaba lleno de terror ante esta visión sobrenatural. Cuando recuperó su voz, preguntó: «¿Qué quieres, señor?».

«¡Dios ha recibido tus oraciones y tus donativos a los pobres como una ofrenda! Ahora pues, envía a algunos hombres a Jope y manda llamar a un hombre llamado Simón Pedro. Él está hospedado con Simón, un curtidor que vive cerca de la orilla del mar» (Hechos 10:3-6).

Cornelio no dudó. En el momento en que el ángel se fue, llamó a su asistente militar, que era un soldado de confianza, y a dos sirvientes de la casa. Les relató todo el incidente y los envió a Jope con instrucciones de encontrar a Pedro y pedirle que los acompañara en su regreso.

La impactante visión de Pedro

Simón el curtidor, el anfitrión de Pedro, vivía cerca del mar Mediterráneo, posiblemente para prevenir que el olor de su negocio ofendiera a los ciudadanos de Jope. El relato de la Escritura indica que Pedro tenía libertad para tratar la casa de Simón como su propia casa. Se preparaban comidas para él, tenía acceso a la azotea e incluso tenía permiso para atender a sus propios invitados.

Era el mediodía del día después de que Cornelio enviara a sus tres mensajeros en un viaje de cerca de cincuenta kilómetros para localizar a Pedro, y ahora se encontraban muy cerca de Jope. Mientras tanto, Pedro tenía hambre, y como el almuerzo aún estaba siendo preparado, decidió subir a la azotea para orar. En medio de su oración, cayó en un trance. El cielo se abrió por encima de él, y vio una gran sábana siendo descolgada y sostenida por sus cuatro esquinas. Sobre la sábana se arrastraban todo tipo de animales, reptiles y aves, algunos de los cuales eran considerados limpios y comestibles para los judíos y otros que definitivamente no lo eran.

Entonces una voz resonó desde el cielo diciendo: «Levántate, Pedro; mátalos y come de ellos».

«No, Señor —dijo Pedro—. Jamás he comido algo que nuestras leyes judías declaren impuro e inmundo».

Pero la voz le reprendió: «No llames a algo impuro si Dios lo ha hecho limpio» (Hechos 10:9-15).

Después de repetirse tres veces la visión, la sábana fue levantada y los cielos se cerraron sobre ella.

¿Qué podría significar eso? se preguntaba Pedro perplejo. Mientras reflexionaba en lo misterioso de la visión, los mensajeros de Cesarea llegaron a la puerta y preguntaron por él.

En ese momento, el Espíritu Santo le dijo a Pedro: «Tres hombres han venido a buscarte. Levántate, baja y vete con ellos sin titubear. No te preocupes, porque yo los he enviado» (Hechos 10:19-20).

Entonces Pedro descendió a su encuentro y les preguntó por qué motivo estaban allí. Cuando le explicaron su misión, Pedro se dio cuenta de que eran gentiles. Para los judíos devotos, era impensable tener alguna asociación significativa con los gentiles. Sin embargo,

LOS CENTURIONES ROMANOS

Los centuriones eran capitanes de unidades del ejército conformadas por un centenar de soldados de infantería. Ellos comandaban a los hombres tanto en la batalla como cuando estaban estacionados en las zonas ocupadas. Los centuriones recibían un salario veinte veces superior al de los soldados de infantería. La mayoría eran promovidos desde las filas, y por lo tanto eran los mejores y más valientes guerreros del ejército romano. El Nuevo Testamento menciona a cinco centuriones, todos en forma positiva: el centurión que Cristo elogió por su gran fe (Mateo 8:5-13); el centurión en la crucifixión de Jesús que confesó su fe en Jesús (Marcos 15:39); Claudio Lisias, quien salvó a Pablo de los judíos que planeaban matarlo (Hechos 23:12-35); Julio, quien salvó a Pablo cuando iba a ser ejecutado para evitar su fuga de un barco encallado (Hechos 27); y finalmente, Cornelio, el primer gentil convertido.

allí estaban ellos, rogándole a Pedro que los acompañara en un viaje de todo un día para visitar la casa de un gentil, y peor aún, de un oficial romano. Sin embargo, el Espíritu Santo le había dicho explícitamente que debía ir con estos hombres. ¿Qué podría significar esto? Hasta aquí, Pedro había predicado solamente a judíos y a samaritanos, quienes eran medio judíos, y esto de por sí ya era mucho. De seguro Dios no querría que les predicara también a los gentiles romanos.

A continuación, la realidad lo golpeó y el significado de la visión de la azotea se hizo evidente. Así como los animales que Dios creó ya no debían ser considerados impuros, tampoco lo debían ser los gentiles. Dios los amaba tanto como a los judíos. Quería derribar el muro que los separaba, al igual que había sido borrada la distinción entre animales limpios e impuros en su visión.

Luego, sin duda con el corazón golpeteando en su pecho ante el riesgo de aventurarse en territorio desconocido, Pedro hizo algo que nunca había pensado que haría. Invitó a estos gentiles a pasar la noche en casa para poder comenzar el camino de regreso a Cesarea temprano en la mañana.

Es difícil para nosotros comprender cuán grande fue este cambio para un hombre cuya vida entera había estado impregnada de leyes y tradiciones judías. Según los judíos, solo había dos clases de personas: los judíos y todos los demás. Se consideraban el pueblo escogido de Dios y con buena razón. Sus propias Escrituras así lo indicaban: «Tú eres un pueblo santo porque perteneces al Señor tu Dios. De todos los pueblos de la tierra, el Señor tu Dios te eligió a ti para que seas su tesoro especial» (Deuteronomio 7:6). Nunca se les ocurrió que los gentiles también serían invitados a tener una relación con Dios. El profeta Jonás se alejó lo más que pudo para evitar predicar a la pagana ciudad de Nínive y se turbó cuando el pueblo se convirtió al Señor. Lo que los judíos habían pasado por alto era la razón por la que habían sido especialmente elegidos por Dios en primer lugar: para hacer que el mundo entero fuera tan especial como ellos, llevándoles el mensaje de salvación a todas las personas.

Pedro debería haber sabido esto, porque estaba presente cuando Jesús dijo a los apóstoles: «vayan y hagan discípulos de todas las naciones» (Mateo 28:19). Pero estar acostumbrados a un prejuicio durante toda la vida a veces nos impide entender con claridad lo que Dios está diciéndonos de manera sencilla. Sin embargo, Pedro comprendió esto ahora, así que reunió a seis hombres para que fueran con él, todos creyentes de Jope. Quería testigos presenciales para que confirmaran lo que sabía que sus compañeros judíos podrían encontrar difícil de aceptar. Al clarear el día, la comitiva de diez hombres salió de Jope y descendió por la costa mediterránea hacia Cesarea.

ALIMENTOS PUROS E IMPUROS

Las leyes alimenticias judías designaban qué alimentos eran aceptables basándose principalmente en lo que era más saludable para una sociedad que no tenía una cocina, las condiciones sanitarias y las técnicas médicas modernas (Levítico 11:1-47; Deuteronomio 14:3-21). Los mamíferos comestibles (limpios) debían tener pezuñas hendidas y ser rumiantes, animales que mastican el bolo alimenticio. Esto significaba que los cerdos estaban excluidos porque tienen pezuñas hendidas pero no rumian. Cuando se trataba de aves, los judíos podía comer aves que no fueran halcones o carroñeros. Podían comer los pescados que tuvieran aletas y escamas (lo que excluye al bagre y las anguilas). Podían comer insectos alados que se arrastran y saltan, como saltamontes, langostas, cigarras y grillos. Una de las razones principales por las que los judíos consideraban impuros a los gentiles era porque comían casi cualquier cosa, sin hacer distinción entre alimentos puros e impuros.

Una antigua pared se derrumba

Cornelio esperaba ansiosamente a Pedro. Había reunido a un pequeño grupo de familiares y amigos para darle la bienvenida a Pedro y escuchar lo que tenía que decir. Lo imagino yendo y viniendo preocupado, mirando su reloj de sol cada quince minutos, y enviando sirvientes a mirar el camino para saber si su invitado ya se acercaba.

Finalmente, Pedro y su comitiva llegaron. Fueron conducidos adentro, e inmediatamente Cornelio cayó de rodillas para adorar a su invitado. Tiene sentido que Cornelio tuviera un elevado concepto de la importancia de Pedro. ¿Por qué no iba a arrodillarse ante un hombre que era un enviado del Señor y tenía ángeles que le organizaban su agenda?

Pero Pedro no lo aceptó. «¡Ponte de pie!», le dijo. «¡Yo soy un ser humano como tú!» (Hechos 10:26). Pedro debe haberse sentido impactado por la incongruencia de todo este encuentro. ¡Aquí estaba un gentil comandante del ejército arrodillado ante un pescador judío!

Cuando Pedro y Cornelio entraron, junto con los demás huéspedes, Pedro comenzó con una declaración franca acerca de la actitud de los judíos hacia los gentiles. «Ustedes saben que va en contra de nuestras leyes que un hombre judío se relacione con gentiles o que entre en su casa; pero Dios me ha mostrado que ya no debo pensar que alguien es impuro o inmundo. Por eso, sin oponerme, vine aquí tan pronto como me llamaron. Ahora díganme por qué enviaron por mí» (Hechos 10:28-29).

Cornelio respondió narrando cómo un ángel se le había aparecido, elogiándolo por su generosidad y diciéndole que sus oraciones serían contestadas cuando enviara por Pedro. Concluyó: «Ahora, estamos todos aquí, delante de Dios, esperando escuchar el mensaje que el Señor te ha dado» (Hechos 10:33).

Pedro, siempre dispuesto a predicar, no necesitó más estímulo. En primer lugar, admitió que había aprendido algo de este encuentro. «Veo con claridad que Dios no muestra favoritismo. En cada nación, él acepta a los que lo temen y hacen lo correcto» (Hechos 10:34-35). Luego contó al grupo la historia completa de la redención, comenzando con el ministerio de Juan. Describió la obra de Jesús en toda Judea y Galilea, combatiendo la opresión de Satanás con sanaciones y otros milagros. Les habló a Cornelio y a sus invitados acerca de la crucifixión y la resurrección de Jesús, confirmando estos hechos con relatos de muchos testigos, incluido él mismo.

Pedro sabía que por la conexión que Cornelio tenía con los judíos de Cesarea, muy probablemente conocía los cientos de profecías que predijeron la venida del Mesías. Identificó a Jesús como aquel de quien estos profetas habían hablado y concluyó diciendo: «A todo el

que cree en él se le perdonarán los pecados por medio de su nombre»
(Hechos 10:43).

La audiencia de Pedro recibió el mensaje y creyeron todo lo que
les dijo. Mientras él estaba hablando, el Espíritu Santo descendió y
entró en los corazones de estos gentiles, y comenzaron a hablar en
otras lenguas y a alabar a Dios.

Los seis creyentes judíos que habían acompañado a Pedro apenas
podían creer lo que veían. ¿Era posible que el Espíritu Santo de Dios
estuviera siendo derramado sobre gentiles?

Ahora Pedro podía poner fin a cualquier duda restante que
pudiera haber tenido durante todo el episodio. Los gentiles debían
ser recibidos en la iglesia junto con los judíos. Esto fue, en esencia,
un segundo Pentecostés —el Pentecostés gentil anunciando la aceptación del resto del mundo dentro del reino de Dios.

Pedro entendió todo esto, pero sabía que sus seis compañeros
no estaban tan preparados para la revelación como lo estaba él. Él
había recibido la orden celestial de ir a Cesarea exactamente para
este propósito. Pero sus amigos aún estaban recuperándose de lo que
acababan de presenciar.

Pedro les preguntó, «¿Puede alguien oponerse a que ellos sean
bautizados ahora que han recibido el Espíritu Santo, tal como nosotros lo recibimos?» (Hechos 10:47).

La respuesta era obvia, por supuesto, pero quería la aprobación
sus compañeros. Así que procedieron a bautizar a Cornelio y a todos
los de su casa. El jubiloso Cornelio, deseando saber más acerca de esta
nueva fe, invitó a Pedro a que se quedara con él por varios días más.

En aquel día, en la casa de un centurión romano, un muro prácticamente impenetrable que había separado a judíos y a gentiles
por más de dos mil años se desmoronó por completo. Sin embargo,
como veremos en el próximo capítulo, aún habría resistencia por
parte de muchos judíos a cruzar la brecha donde antes había estado
aquel muro.

✛ ✛ ✛

SALVACIÓN SIN BARRERAS

Como centurión romano, Cornelio debe haber sido un líder respetado, disciplinado y fuerte. Estas características son vitales en los oficiales de un ejército eficaz, lo que sin duda incluye a los romanos, conquistadores del mundo.

Dada su posición y su rango, es sorprendente que Cornelio estuviera dispuesto a aceptar la arrogancia y el desdén con que los judíos trataban a los gentiles. El abismo entre los dos grupos era aparentemente insuperable. Los judíos hacían lo posible por evitar relacionarse con los gentiles, y cuando era necesario algún tipo de interacción, los judíos tenían cuidado de no hacer contacto físico con ellos.

Los judíos nunca entraban en las casas de los gentiles o invitaban a los gentiles a entrar en las suyas. Los judíos no podían comer alimentos preparados por gentiles, y si un judío compraba de un gentil algún utensilio para cocinar o comer, este tenía que ser purificado antes de su uso. Si los judíos caminaban a través de un país gentil, el polvo que se adhería a sus sandalias era considerado profano y lo sacudían de sus pies en el momento en que regresaban a su tierra. Por encima de estas diferencias culturales, también había una brecha espiritual significativa. Los judíos se consideraban como el pueblo escogido de Dios y a todos los demás los consideraban seres humanos de segunda clase, inmundos e inferiores.

El beneficio de la persistencia

Así que ¿por qué un oficial romano con una posición alta, como Cornelio, estaría de acuerdo con ese trato degradante? Porque era un buscador verdadero. Algo en su corazón le dijo que debía existir un ser supremo, un Dios verdadero. Seguramente lo percibió en la belleza y el orden de la naturaleza, la magnificencia de los cielos, y la maravilla de la vida y el amor. Era lo suficientemente sabio como para discernir que debía haber algo más que los dioses y las diosas inmorales del panteón romano.

En algún momento de la vida, Cornelio estuvo expuesto al concepto judío de un solo Dios, el creador y el sustentador de todo lo que existe. Tal vez este era el Dios que estaba buscando. Aprendió más acerca de la religión judía y lo que encontró lo atrajo, tal vez de manera particular, las promesas proféticas de un Redentor que quitaría la culpa del pecado que lleva cada humano.

Podríamos presumir razonablemente que el primer contacto de Cornelio con un líder judío no fue bueno. Un gentil, oficial del ejército romano, difícilmente habría sido bienvenido en una sinagoga. Sin embargo, a los judíos les encantaba hacer conversos casi tanto como despreciaban a los gentiles (Mateo 23:15). Así que tal vez un rabino consintió en enseñarle a Cornelio los rudimentos de la teología judía, siempre y cuando manteniéndolo a un brazo de distancia. Es posible que los judíos de Cesarea permitieran que Cornelio asistiera a sus reuniones de la sinagoga, pero solo como un no participante, segregado de los adoradores judíos.

Sin embargo, Cornelio persistió. Su deseo por conocer a Dios era más ardiente que la humillación del trato que recibía. A medida que aprendió más, comenzó a orar regularmente y a ayudar a los judíos, ofreciendo dádivas a los pobres y apoyo económico a la sinagoga. Como resultado, los judíos empezaron a respetarlo como un hombre bueno y justo. Pero todavía era un gentil y su aceptación seguramente fue parcial en el mejor de los casos.

La Escritura deja claro que quienes buscan sinceramente encuentran lo que están buscando. Cornelio bien pudo haber estado al tanto de la promesa de Dios de escuchar las oraciones de aquellos que lo buscan: «Si me buscan de todo corazón, podrán encontrarme» (Jeremías 29:13). Cornelio se convirtió en una demostración viviente de la verdad de ese pasaje.

Cornelio era como el hombre de la parábola del tesoro escondido.

En esta parábola, Jesús compara el reino de los cielos con un tesoro de valor incalculable que un hombre encontró mientras araba un campo. Una vez que lo descubrió, «vendió todas sus posesiones a fin de juntar el dinero suficiente para comprar el campo» (Mateo 13:44). Nada tiene mayor valor que pasar la eternidad con Dios en el cielo. Esta recompensa vale lo que sea que cueste en términos de dinero, de tiempo, de humillación, de dolor o de destierro. Cornelio lo sabía y tuvo la sabiduría y la voluntad para hacer algo al respecto.

Agentes de Dios
Dios escuchó las oraciones de Cornelio y le envió un mensaje a Pedro. Pedro no es la única persona en las Escrituras que tuvo un encuentro divino como este. Pero ¿se ha preguntado alguna vez por qué el mensaje de salvación no le fue revelado directamente a Cornelio? No hay duda de que después de tan imponente encuentro sobrenatural Cornelio habría creído. Entonces, ¿por qué usó Dios el proceso más complejo, enviando dos mensajes a dos hombres, haciendo que uno mandara a buscar al otro de una ciudad distante, pudiendo haber hecho las cosas de una manera más sencilla y directa? Veamos dos razones.

1. DIOS USÓ ESTO COMO UN PUNTO DE INFLEXIÓN PARA LA IGLESIA.
Dios envió a Pedro adonde Cornelio por el bien de Pedro y por el bien de toda la iglesia. Pedro necesitaba ver con sus propios ojos este evento determinante para que supiera sin duda alguna que Dios había extendido la oferta de salvación a aquellos que estaban fuera del estrecho círculo judío.

Esto era importante porque la iglesia veía a Pedro como su líder principal. Jesús mismo le había dicho a Pedro: «Te daré las llaves del reino del cielo. Todo lo que prohíbas en la tierra será prohibido en el cielo, y todo lo que permitas en la tierra será permitido en el cielo»

(Mateo 16:19). Cuando Pedro les informó sobre la conversión de un gentil, la iglesia lo escuchó.

2. DIOS CREÓ A LOS SERES HUMANOS PARA SER SUS AGENTES.

Dios nos envía a cumplir su voluntad porque nos hizo para ese propósito: para ser sus agentes, sus representantes, sus gobernadores en la tierra. Después de crear al mundo con toda su vida vegetal y animal, Dios dijo: «Hagamos a los seres humanos a nuestra imagen, para que sean como nosotros. Ellos reinarán sobre los peces del mar, las aves del cielo, los animales domésticos, todos los animales salvajes de la tierra y los animales pequeños que corren por el suelo» (Génesis 1:26). Nos confió el poder, el cuidado y la edificación de este mundo bajo la guía del Espíritu Santo.

En lo posible, Dios elige cumplir sus propósitos en la tierra a través de hombres y mujeres antes que por su intervención directa. Incluso cuando Adán y Eva se rebelaron y perdieron su poder para

LA CIUDAD DE CESAREA

Cesarea, originalmente llamada torre de Strato, fue construida por los sidonios en el siglo IV a. C. Posteriormente fue controlada por los griegos y brevemente gobernada por Israel hasta que Pompeyo conquistó a los judíos en el año 63 a. C. En el año 30 a. C., César Augusto dio la ciudad a Herodes el Grande, quien comisionó un programa de construcción extravagante que incluyó elaborados palacios, edificios públicos, un templo para Augusto, un anfiteatro, un hipódromo que sentaba a veinte mil personas, un teatro y un puerto que era una verdadera maravilla de ingeniería. Después de César Augusto, el nombre de la ciudad cambió a Cesarea. Fue la sede del gobierno romano de Palestina, la residencia del gobernador y la base de una importante guarnición militar.

representar a Dios perfectamente, no retiró de los seres humanos el llamado para el cual nos había creado.

Dios podría haber sacado a los israelitas de Egipto sin decirle a Moisés que confrontara al faraón e iniciara las diez plagas. Dios podría haberle advertido directamente a Israel sobre las consecuencias de su idolatría en lugar de enviar a profetas como Isaías y Jeremías. Dios podría haber escrito la Biblia por sí mismo en lugar de pasar por el laborioso proceso de guiar a seres humanos a escribirla. Como dijo C. S. Lewis: «[Dios] parece no hacer por sí mismo nada de aquello que posiblemente pueda delegar a sus criaturas. Él nos ordena a hacer lenta y torpemente lo que por sí mismo podría hacer de manera perfecta en un abrir y cerrar de ojos»[1].

Hoy todavía tenemos la tarea y el privilegio de ser agentes de Dios. A pesar de que experimentamos muchos tropiezos y mucha torpeza en el cumplimiento su voluntad, él se complace cuando lo servimos con corazones dispuestos. Es como un padre que se deleita con los primeros pasos tambaleantes de un niño pequeño. Aunque el niño no camina perfectamente, el padre se deleita en cada intento y cada avance.

Sin embargo, el hecho de que tengamos una naturaleza caída y que no podamos hacer la voluntad de Dios a la perfección no nos libra de tener que actuar. Como dijo G. K. Chesterton: «Cualquier cosa que vale la pena hacer, vale la pena intentar aun cuando resulte malhecha». Aunque seamos imperfectos, seguimos siendo agentes de Dios. Es nuestro deber y nuestro privilegio hacer su voluntad, incluso si nuestros intentos son caóticos y desordenados. Es una manera de demostrarle nuestra lealtad, devoción y confianza.

El Dios que se da a conocer

A veces escucho la objeción de que el cristianismo es injusto con aquellos que murieron sin haber oído de Cristo. Los cristianos dicen que Jesús es el único camino a Dios, lo que significa que quienes no han oído el evangelio están irremediablemente perdidos por faltas ajenas a sí mismos.

El caso de Cornelio nos ayuda a responder a esa objeción. No lo sabemos a ciencia cierta, pero es probable que su primera percepción de la realidad de Dios comenzó con la naturaleza. El salmista David escribió que toda la creación declara su existencia:

> Los cielos proclaman la gloria de Dios
>   y el firmamento despliega la destreza de sus manos.
> Día tras día no cesan de hablar;
>   noche tras noche lo dan a conocer.
> Hablan sin sonidos ni palabras;
>   su voz jamás se oye.
> Sin embargo, su mensaje se ha difundido por toda la tierra
>   y sus palabras, por todo el mundo.

SALMO 19:1-4

El apóstol Pablo dice que muchas personas no encuentran a Dios en la evidencia de la creación, porque «detienen la verdad con su perversión. Ellos conocen la verdad acerca de Dios, porque él se la ha hecho evidente. Pues, desde la creación del mundo, todos han visto los cielos y la tierra. Por medio de todo lo que Dios hizo, ellos pueden ver a simple vista las cualidades invisibles de Dios: su poder eterno y su naturaleza divina. Así que no tienen ninguna excusa para no conocer a Dios» (Romanos 1:18-20).

Cornelio no suprimió esta verdad porque estaba buscando activamente a Dios. Estuvo dispuesto a avivar el brillo natural de luz que le reveló la existencia de un ser supremo. No lo sofocó con placeres sensuales o deseos materialistas. Y debido a que permitió que aquella luz iluminara su corazón, Dios envió más luz para mostrarle su próximo paso. Esto lo llevó a ponerse en contacto con los judíos de Cesarea, quienes le señalaron al Dios que sabía que debía existir.

Después siguió ese nuevo rayo de luz tan lejos como pudo guiarlo. Sus oraciones y su generosidad eran señales de su deseo de servir y de honrar a Dios con la luz que se le había dado. Esas buenas obras no lo salvaron, pero reflejaban el estado de su corazón. Cornelio estaba listo para más luz, así que Dios la irradió en él en la forma de Pedro, quien le llevó la luz pura de Cristo. Y en Cristo encontró el camino, la verdad y la vida.

Dios movió la pared

El versículo más famoso de la Biblia dice, «Pues Dios amó tanto al mundo que dio a su único Hijo, para que todo el que crea en él no se pierda, sino que tenga vida eterna» (Juan 3:16). Aunque Dios envió a Jesucristo a través de los judíos y les dio la primera oportunidad de responder al evangelio, su intención desde el principio fue incluir al mundo entero en la oferta de salvación.

Al principio, los creyentes judíos, incluyendo a los apóstoles, no comprendieron totalmente cuán largo alcance tenía el plan de

LAS LLAVES DEL REINO

Jesús le dijo a Pedro: «te daré las llaves del reino del cielo» (Mateo 16:19). Creo que estas llaves se refieren a las tres puertas cruciales que Jesús identificó antes de ascender al cielo. Les dijo a sus discípulos que predicaran el evangelio primero a los judíos, luego a los samaritanos, y después, a todos los demás (Hechos 1:8). Pedro abrió estas tres puertas. Él predicó su primer sermón a los judíos en el día de Pentecostés (Hechos 2), impartió el Espíritu Santo a los samaritanos (Hechos 8:17), y abrió la puerta del reino para el resto del mundo cuando le llevó el mensaje de salvación a Cornelio (Hechos 10). Así como lo había prometido, Jesús estaba usando a Pedro para edificar su iglesia (Mateo 16:18).

salvación de Dios. Incluso Pedro se mostró reacio a invitar a los gentiles a entrar al reino de Dios. Pero el Espíritu Santo llamó su atención, y su corazón cambió. Los judíos habían aislado a los gentiles, excluyéndolos de la gracia de Dios, pero Hechos 10 muestra cómo Dios destruyó esa pared para siempre.

Durante una feroz batalla de la Primera Guerra Mundial, un joven capellán protestante de las tropas estadounidenses se hizo amigo de un sacerdote católico local cuando estaban estacionados en Italia. Cuando llegó el momento de reubicar su unidad militar, el capellán se unió a ellos, pero murió poco después. El sacerdote recibió la noticia de su muerte y escribió una carta a los líderes del ejército.

«¿Me podrían dar permiso para enterrar el cuerpo del capellán en el cementerio que está detrás de mi iglesia?», escribió.

Los oficiales, conociendo de la amistad del capellán con el sacerdote, estuvieron de acuerdo.

Pero el sacerdote encontró resistencia por parte de las autoridades eclesiásticas. «¿Era católico?» preguntaron.

«No —respondió el sacerdote—. Era protestante».

«Lo sentimos —dijeron—, pero usted no puede enterrar a un protestante aquí. Este cementerio es únicamente para católicos».

Muchos años después, un veterano de guerra de la unidad del capellán visitó Italia y encontró al anciano sacerdote. Después de ponerse al día brevemente, el estadounidense pidió poder presentar sus respetos al capellán en su tumba. Para su sorpresa, el sacerdote lo llevó a una tumba dentro de la cerca del cementerio.

«¿Es aquí donde está enterrado el capellán? —preguntó el exsoldado—. ¡Usted debe haber conseguido el permiso para mover el cuerpo!».

El sacerdote negó con su cabeza. «Ellos me dijeron dónde no podía enterrar el cuerpo —dijo con una sonrisa—. Nadie me dijo jamás que no podía mover la cerca»[2].

Eso es exactamente lo que Dios hizo por los gentiles: reubicó la pared para incluirlos. Y estoy muy agradecido de que lo hiciera, porque yo soy un gentil. Ahora todos podemos estar dentro del reino de Dios, independientemente de nuestra nacionalidad o nuestro trasfondo.

¿Son suficientes las buenas obras?

En este capítulo se nos presentó a una persona profundamente religiosa y moral. Cornelio dio, oró y fue respetado por la gente religiosa de su época. Pero por muy bueno que fuera Cornelio, eso no era suficiente. Todavía era un pecador. Su alma llevaba la infección de la naturaleza pecaminosa que todos hemos heredado. Y a causa de su pecado, cargaba culpa delante de Dios, aquella de la que no podía deshacerse por sí mismo. Necesitaba la sangre de Cristo para borrar sus pecados y necesitaba la resurrección de Cristo para que le diera vida nueva. Si sus buenas obras hubieran sido suficientes, Dios no habría necesitado enviar a Pedro para llevarle el evangelio. Jesucristo era el único camino para Cornelio y es el único camino para nosotros.

Temo que muchas personas buenas y religiosas de hoy dependen de sus buenas obras para salvarse. Hacen bien las cosas, dicen las palabras correctas, donan a la iglesia y a los demás, y piensan que por estas acciones ganarán un lugar en el cielo. Esto es trágico, pues es solo al acercarnos a Cristo con arrepentimiento y al reclamar su sangre expiatoria que podemos ser salvos. Como le dijo Pedro al Concilio Supremo, «¡En ningún otro hay salvación! Dios no ha dado ningún otro nombre bajo el cielo, mediante el cual podamos ser salvos» (Hechos 4:12).

Si usted está haciendo todo lo que puede imaginar para vivir una vida buena y religiosa, pero no ha puesto su fe en Cristo, entonces está tan perdido como lo estaba Cornelio. Lo insto a que haga lo que hizo Cornelio y que busque al Señor. Llame a un pastor o a otro cristiano firme y permita que esa persona haga por usted lo que hizo Pedro por el centurión: abrir la puerta para que usted entre al reino de Dios.

CAPÍTULO 12

POR TODO EL MUNDO

✢ ✢ ✢

La explosión de la iglesia
Hechos 11

EL APÓSTOL PEDRO ESTABA reacio a viajar a Jerusalén, pero no podía posponerlo para siempre. Sabía que encontraría resistencia de parte de sus hermanos cristianos judíos por dar a conocer el evangelio a los gentiles. Se había quedado en Cesarea en la casa de Cornelio, el centurión romano, durante varios días, respondiendo preguntas sobre la fe, contándole al nuevo creyente gentil sobre sus experiencias con Jesús y trasmitiendo a Cornelio los conocimientos que necesitaría a medida que guiaba a la nueva iglesia que se había iniciado en su casa. Había sido un tiempo fructífero, pero Pedro sabía que era hora de regresar a Jerusalén.

Pedro estaba decidido a no ir solo. Necesitaría apoyo y testigos para corroborar lo que había ocurrido en Cesarea. Así que llevó consigo a los seis hombres que lo habían acompañado desde Jope. Después de despedirse cálidamente de Cornelio y su familia, los siete hombres emprendieron su viaje de ochenta kilómetros hasta Jerusalén.

Cuando llegaron, Pedro reunió a los líderes de la iglesia. En el momento en que entró a la reunión se dio cuenta de que ya les habían llegado las noticias de lo sucedido en Cesarea. Sus miradas y sus rostros duros revelaban sus pensamientos: no estaban contentos. Pedro había invitado a gentiles a la iglesia fundada por el Mesías judío y ahora tendría que dar algunas explicaciones.

La acusación fue rápida y directa. Para sorpresa de Pedro, no hablaron del tema teológico general sino de su comportamiento. Las primeras palabras que salieron de boca de ellos fueron: «Entraste en una casa de gentiles, ¡y hasta comiste con ellos!» (Hechos 11:3).

Pedro bien puede haber pensado: *Ustedes, creyentes, suenan igual que los fariseos que acusaron a Jesús de comer con los pecadores. Si estoy recibiendo el mismo tipo de críticas que él recibió, debo estar haciendo algo bien.* Al ver a sus compañeros creyentes tan deseosos de arremeter contra él, decidió no desatar un debate. Consideró que su mejor enfoque sería simplemente contarles lo que había sucedido en Jope y Cesarea.

Describió su propia visión de los animales inmundos, la llegada de los enviados de Cornelio y la orden del Espíritu Santo de que los acompañara a Cesarea. Contó de su llegada a la casa de Cornelio y su predicación a la familia y los amigos de él.

Luego Pedro dijo: «Cuando comencé a hablar, [. . .] el Espíritu Santo descendió sobre ellos tal como descendió sobre nosotros al principio. [. . .] Y, como Dios les dio a esos gentiles el mismo don que nos dio a nosotros cuando creímos en el Señor Jesucristo, ¿quién era yo para estorbar a Dios?» (Hechos 11:15, 17).

Los seis testigos de Pedro confirmaron su historia, y los líderes de la iglesia de Jerusalén no pudieron refutarla. Para crédito de ellos, ni siquiera lo intentaron. Al ser confrontados con tan clara evidencia de la mano de Dios en esta obra, todas sus objeciones se evaporaron. Dijeron: «Podemos ver que Dios también les ha dado a los gentiles el privilegio de arrepentirse de sus pecados y de recibir vida eterna»

(Hechos 11:18). Entonces comenzaron a alabar a Dios por llevar a la iglesia a cruzar esta nueva frontera. Pedro debe haber respirado con alivio.

La iglesia establece un puesto de avanzada

Mientras tanto, los creyentes que se habían dispersado desde Jerusalén durante la persecución de Saulo viajaron a diversos países y ciudades del Mediterráneo, incluyendo Chipre, Fenicia y Antioquía de Siria. Estos refugiados llevaron con ellos la Buena Noticia de Cristo. Pero la noticia de que Pedro participó en la conversión de un romano aún no les había llegado, por lo que no sabían que la puerta a los gentiles se había abierto. Por lo tanto, les predicaron solo a los judíos.

Pero esta restricción pronto se levantó. Entre los lugares en los que los refugiados cristianos predicaron estaba la provincia marítima de Fenicia. Los comerciantes fenicios tenían rutas comerciales activas por todo el borde del mar Mediterráneo, así como en sus islas. Es probable que los convertidos fenicios llevaran el evangelio a Cirene, en la costa norte de África, así como a otras ciudades portuarias. Algunos de los creyentes de Cirene y de Chipre fueron a Antioquía y, por su propia iniciativa, comenzaron a predicar a los gentiles. El Espíritu Santo estaba con ellos en este movimiento audaz y, como resultado, un número masivo de griegos se hicieron creyentes.

Los creyentes de Antioquía ahora formaron una gran iglesia, tal vez la primera compuesta tanto de judíos como de gentiles. Cuando la noticia de esta congregación llegó a los líderes de la iglesia madre de Jerusalén, comenzaron a preocuparse. Judíos y gentiles bajo un mismo techo para adorar podría crear una mezcla volátil. ¿Querrían los judíos de Antioquía aceptar a estos extranjeros? ¿Necesitarían los creyentes más instrucción para facilitar la integración? Solo había una forma de averiguarlo. Enviarían a Antioquía a un emisario de confianza para ayudar con la transición.

El hombre al que eligieron fue uno que ya conocimos antes: José,

ANTIOQUÍA DE SIRIA

La ciudad de Antioquía fue fundada por Seleuco, un general bajo el mando de Alejandro Magno, quien finalmente llegó a gobernar el Imperio griego. Él nombró la ciudad en honor a su hijo y sucesor, Antíoco I. La leyenda dice que Seleuco le dio un pedazo de carne a un águila, el ave de Zeus, y construyó la ciudad en el sitio donde el ave sagrada aterrizó para comer la ofrenda. Con una población de quinientos mil habitantes, Antioquía era la tercera ciudad más grande del Imperio romano, y pronto se convirtió en la capital de Siria. Aunque muchos judíos vivían en la ciudad, la mayoría de sus ciudadanos eran griegos. Durante su vida, Seleuco fundó dieciséis ciudades diferentes llamadas Antioquía por todo el imperio. Una de ellas, Antioquía de Pisidia, también es mencionada en Hechos 13.

el discípulo de Chipre a quien los apóstoles apodaron Bernabé, que significa «hijo de ánimo». Se consideró que este dedicado seguidor de Cristo era la persona adecuada para manejar la mezcla potencialmente explosiva en la iglesia de Antioquía.

Cuando Bernabé llegó, lo que vio lo emocionó. Esta iglesia estaba prosperando, difundiendo activamente la Palabra e incorporando nuevos miembros tan rápido como podían ser añadidos. Bernabé comenzó inmediatamente a vivir a la altura de su nombre. «Se llenó de alegría y alentó a los creyentes a que permanecieran fieles al Señor» (Hechos 11:23). La iglesia de Antioquía no pudo más que amar a Bernabé. Le dieron la bienvenida al ver que era un «hombre bueno, lleno del Espíritu Santo y firme en la fe» (Hechos 11:24).

Los nuevos convertidos siempre necesitan ayuda y ánimo y esta iglesia no fue la excepción. Después de que merma la euforia inicial de la conversión, las personas a menudo sienten el tirón de sus vidas previas y las viejas tentaciones que dejaron atrás. También pueden descubrir que su vida nueva es más difícil de lo que esperaban, o pueden hallar la oposición de amigos y familiares. Otros nuevos creyentes pueden descubrir que la iglesia que ellos pensaban que era una sociedad ideal tiene su cuota de problemas y de gente irritante. Por estas razones, los nuevos cristianos necesitan aliento constante para mantener el rumbo. Y no había nadie mejor para proporcionar este tipo de estímulo que Bernabé, el gran animador.

Debido al fervor evangelístico de los creyentes y a la influencia piadosa de Bernabé, la iglesia en Antioquía prosperó como un campo de flores silvestres. Pronto había más trabajo del que pudiera manejar una sola persona, y Bernabé sabía que necesitaba ayuda. ¿Pero quién? Había quedado impresionado con Pablo cuando se conocieron en Jerusalén. Habían pasado varios años desde que Bernabé lo había visto, pero al parecer se había mantenido al tanto sobre su paradero y sabía que Pablo ahora estaba viviendo en Tarso.

En algún momento del año 43 d. C., Bernabé decidió solicitar la ayuda de Pablo y se dirigió a Tarso. La ciudad de Tarso en Cilicia quedaba de Antioquía al otro lado de la esquina del extremo nororiental del mar Mediterráneo, a menos de ciento sesenta kilómetros al occidente por mar. No sabemos qué estaba haciendo Pablo cuando Bernabé lo encontró en Tarso. Es posible que estuviera aprendiendo el oficio de fabricar carpas, que fue el negocio que más tarde le proporcionó apoyo financiero para sus viajes misioneros. También puede haber estado estudiando profecía y teología judía, y cotejando estas con la teología de la venida de Cristo. Dada la naturaleza sumamente activa de Pablo, lo más probable es que estuviera predicando en cada oportunidad que se le presentaba.

Pablo aceptó volver a Antioquía con Bernabé y trabajaron juntos, liderando a la floreciente iglesia judeo-gentil y predicando a las masas populares. La iglesia siguió creciendo hasta rivalizar con la de Jerusalén como importante centro del cristianismo. Se convirtió en el fronterizo puesto de avanzada de la fe, la plataforma de lanzamiento estratégica para difundir la fe por todo el mundo conocido de aquel tiempo.

Fue en Antioquía donde se reconoció oficialmente este movimiento: «Fue en Antioquía donde, por primera vez, a los creyentes los llamaron "cristianos"» (Hechos 11:26). El cristianismo había logrado afianzarse en el mundo del primer siglo.

El descendiente se convierte en el padre

Uno de los dones que el Espíritu Santo dio en Pentecostés fue el de la profecía. La profecía involucra la predicción de eventos futuros, que es lo que la mayoría de personas piensa cuando escucha el término. Un aspecto menos conocido de la profecía es la «proclamación»: enseñar valientemente o exhortar sobre temas que son de fundamental importancia para los cristianos.

Los profetas probablemente se trasladaron de una iglesia a otra, entregando los mensajes enviados a las personas a través del Espíritu Santo. Poco después de que Bernabé y Saulo comenzaron a ministrar en la iglesia de Antioquía, un grupo de profetas llegó desde Jerusalén con un mensaje. Cuando se reunieron con la iglesia, uno de ellos, Ágabo, se levantó y profetizó que una hambruna pronto devastaría a todo el mundo romano.

La hambruna llegó en el año 45 o 46 d. C., durante el reinado del emperador romano Claudio. La peor parte se centró en Judea, causando graves sufrimientos y muchas muertes por inanición. El historiador judío Josefo confirma el acontecer de esta hambruna en *Antiquities of the Jews (Antigüedades de los judíos)*. Narra acerca de una mujer llamada Helena, convertida al judaísmo y reina de una pequeña provincia de Asiria llamada Adiabene, quien envió cuantiosas sumas de dinero, higos secos y trigo a Jerusalén para aliviar el sufrimiento[1].

La iglesia de Antioquía se congregó para enviar ayuda a la iglesia de

¿CÓMO SE LES LLAMABA A LOS SEGUIDORES DE CRISTO EN EL NUEVO TESTAMENTO?

El Nuevo Testamento emplea diez palabras diferentes para designar a aquellos que se han comprometido a seguir a Cristo, y cada palabra describe una faceta de lo que significa ser cristiano. Porque confiamos en Cristo, somos *creyentes*. Debido a que hemos nacido de nuevo, somos *hijos e hijas*. Porque seguimos a Cristo, somos *discípulos*. Porque Cristo nos declara limpios, somos *santos*. Porque trabajamos para Cristo, somos *siervos*. Porque amamos a los demás cristianos, somos *hermanos y hermanas*. Debido a que estamos en comunión con Cristo, somos *amigos*. Por cuanto Cristo nos ama, somos sus *amados*. Porque Cristo es nuestra herencia futura, somos sus *herederos*. Pero tal vez lo mejor de todo, porque le pertenecemos a él y algún día seremos como él, somos *cristianos*.

Jerusalén. Los miembros dieron con sacrificio y enviaron a Bernabé y a Saulo a Jerusalén para entregar la generosa contribución.

Fue un caso de intercambio de roles, al igual que muchas personas experimentan en sus familias. Cuando los padres envejecen y pierden su salud física y la capacidad mental, habitualmente se hace necesario que el hijo se convierta en «padre», el cuidador y el proveedor, intercambiando los lugares que habían mantenido hasta ese momento. En la relación entre estas dos iglesias, Jerusalén era la iglesia madre. Era el lugar de nacimiento de la iglesia en su totalidad y la base permanente de la iglesia judía. Antioquía era una iglesia plantada, una descendiente de la iglesia en Jerusalén. Había crecido y madurado hasta el punto de que cuando la iglesia madre tuvo necesidades, la iglesia hija recolectó provisiones y proveyó asistencia.

La iglesia de Antioquía se convirtió rápidamente en un importante centro del cristianismo. Era un punto natural estratégico para llegar a Asia Menor y a Europa, lo que la convirtió en el lugar ideal de partida para el apóstol Pablo, para Bernabé y para otros misioneros que viajaron para evangelizar al mundo gentil. De hecho, en lo que resta del libro de los Hechos, el centro de la actividad cambió de Jerusalén a Antioquía.

La marcha de la iglesia por todo el mundo había comenzado.

✛ ✛ ✛

La iglesia logra afianzarse

Cuando considero lo rápido que los líderes de la iglesia judía en Jerusalén aceptaron a los gentiles como miembros, tengo que admirarlos. A pesar de que se resistieron al principio, cuando Pedro relató los acontecimientos que llevaron a la conversión de Cornelio, respondieron con inmediata y total aceptación, e incluso, algo más admirable aún, con alegría.

Lo que hace tan increíble este cambio de actitud es que la separación entre gentiles y judíos se había arraigado desde temprano en la historia de su nación. Los grandes cambios nunca son fáciles y esto parece especialmente cierto cuando se trata de cambios religiosos. Si ha seguido una práctica de creencias religiosas durante toda la vida, pensando que son correctas y bíblicas, es normal que sienta resistencia automática si le dicen que lo que ha estado haciendo no es válido.

He visto que sucede. He conocido iglesias que se dividen aún por cambios menores, como usar o no micrófonos y pantallas electrónicas, si debe haber cocinas en el edificio de la iglesia, o qué tipo de pan servir para la comunión. En cada caso, la facción resistente considera que el cambio ha violado un principio religioso y que los innovadores no tienen respeto por la autoridad bíblica.

La razón por la que hoy tenemos tantas denominaciones cristianas es porque todas difieren en cuanto a qué creencias son centrales para el cristianismo auténtico. Ya sea que la diferencia consista en la liturgia, los modos de bautismo, la organización de la iglesia o variaciones en la interpretación bíblica, la brecha entre las creencias se considera demasiado amplia para ser pasada por alto.

Para la naciente iglesia judía, la exclusión de los gentiles era un principio de larga data. Sin embargo, los creyentes estaban abiertos a la evidencia que Pedro presentó, y estaban dispuestos a actuar de acuerdo con esa evidencia aunque significaba eliminar una creencia muy arraigada. Dijeron, en esencia: «Bueno, esto ciertamente no encaja con nuestras categorías teológicas, pero parece que el Señor está haciendo algo nuevo. Así que será mejor que nos adaptemos a este cambio en el programa». Cuando los cristianos responden de esta manera, es evidente que el Espíritu Santo está obrando en sus vidas.

JERUSALÉN: LA CIUDAD SANTA

Jerusalén es un lugar importante para los eventos presentados en toda la Biblia. La ciudad aparece por primera vez en Génesis 14 como Salem, gobernada por el rey sacerdote Melquisedec. Más tarde volvió al paganismo hasta que fue conquistada por Joab, un general al servicio del rey David, convirtiéndose así en la capital de la nación judía y el lugar donde se ubicó el templo. Nabucodonosor destruyó a Jerusalén en el año 586 a. C., y fue reconstruida entre los años 522–445 a. C. Varios siglos después, la crucifixión, resurrección y ascensión de Cristo se produjeron en Jerusalén. En el libro de los Hechos, el Espíritu Santo descendió sobre esta ciudad, y esta se convirtió en la sede de la iglesia naciente. Los romanos destruyeron Jerusalén en el año 70 d. C., pero fue reconstruida de nuevo. Al final del tiempo, una magnífica nueva Jerusalén descenderá del cielo y marcará el comienzo del nuevo reino de Cristo.

Demuestra que el deseo de agradar a Dios es más fuerte que su deseo de demostrar que lo que siempre han creído está esculpido en piedra.

La necesidad de tener unidad

¿Cómo pueden los cristianos con sus tantas diferencias fusionarse en un todo unificado? El apóstol Pablo nos da la respuesta en su carta a la iglesia de Roma. Ellos estaban teniendo problemas para conciliar algunas de las antiguas creencias que poseían tanto los judíos como los gentiles anteriormente paganos. Ambos grupos entraron a la iglesia llevando la carga de sus creencias previas, principalmente en lo relacionado con las leyes alimentarias y la observancia de los días de festivales rituales. Algunos judíos estaban reacios a comer carne del mercado de Roma, ya que podría haber sido sacrificada a los ídolos paganos. Algunos vegetarianos creían que estaba mal comer carne de cualquier tipo. Otros creyentes sentían que debían continuar con la observancia de ciertos días de festivales rituales provenientes de sus religiones previas. Los cristianos de cada grupo tendían a juzgarse unos a otros, y sus diferencias amenazaron la unidad de la iglesia.

Pablo sabía que estas diferencias no eran fundamentales para la fe. Los cristianos que eran fuertes en su caminar con Cristo podían libremente comer o no la carne y observar o no los feriados no idólatras sin afectar su fe. Pero los cristianos de fe menos profunda sentían la necesidad de apoyarse a sí mismos con estas creencias que habían practicado toda su vida. Este fue el mensaje de Pablo para todos ellos:

> Acepten a los creyentes que son débiles en la fe y no discutan acerca de lo que ellos consideran bueno o malo. Por ejemplo, un creyente piensa que está bien comer de todo; pero otro creyente, con una conciencia sensible, come solo verduras. Los que se sienten libres para comer de todo no deben menospreciar a los que no sienten la misma libertad; y los que no comen determinados alimentos no deben juzgar a

los que sí los comen, porque a esos hermanos Dios los ha aceptado. ¿Quién eres tú para juzgar a los sirvientes de otro? Su amo dirá si quedan en pie o caen; y con la ayuda del Señor, quedarán en pie y recibirán la aprobación de él.

Del mismo modo, algunos piensan que un día es más sagrado que otro, mientras que otros creen que todos los días son iguales. Cada uno debería estar plenamente convencido de que el día que elija es aceptable. Los que adoran al Señor un día en particular lo hacen para honrarlo a él. Los que comen toda clase de alimentos lo hacen para honrar al Señor, ya que le dan gracias a Dios antes de comer. Y los que se niegan a comer ciertos alimentos también quieren agradar al Señor y le dan gracias a Dios.   ROMANOS 14:1-6

Es cierto que hay algunos conflictos entre los cristianos que son una brecha demasiado ancha como para poder tender un puente. Las diferencias que violan las creencias centrales de la fe, tales como las declaradas en el Credo de los Apóstoles, no pueden aceptarse sin vaciar el núcleo del cristianismo. Pero Pablo está diciendo que muchas de nuestras diferencias realmente no le importan a Dios, y que no deberíamos hacer de ellas pruebas del cristianismo auténtico.

Nuestras diferencias secundarias en lo que creemos nunca deberían ser un obstáculo para la comunión. Jesús mismo oró para que todos los que creyeran en él se mantuvieran unidos: «No te pido solo por estos discípulos, sino también por todos los que creerán en mí por el mensaje de ellos. Te pido que todos sean uno, así como tú y yo somos uno, es decir, como tú estás en mí, Padre, y yo estoy en ti. Y que ellos estén en nosotros, para que el mundo crea que tú me enviaste» (Juan 17:20-21).

Esta unidad por la cual Cristo oró, aún no ha ocurrido. Hay más de doscientas denominaciones cristianas en los Estados Unidos[2], y parece imposible lograr la unidad de esta división tan extendida. Pero como podemos ver en los eventos de Hechos 11, esta tarea de unificar grupos tan divergentes no es imposible con Dios.

Bien puede ser que Dios traerá unidad entre los creyentes estadounidenses en un futuro no muy lejano. La represión de las prácticas cristianas se está incrementando en los países occidentales, como se evidencia en las restricciones a las declaraciones religiosas, la prohibición de la oración y de la lectura de la Biblia en lugares públicos, la tolerancia obligada de la inmoralidad, y el rechazo a los derechos de conciencia en varias profesiones. La historia nos dice que es probable que estas tendencias se aceleren hasta el punto en que para poder practicar el cristianismo auténtico, los creyentes deberán disolver las iglesias y pasar a la clandestinidad. Esto significaría que los cristianos fieles y decididos de muchas denominaciones probablemente se reunirán en grupos pequeños en las casas, en almacenes o en otras instalaciones disponibles. La mezcla de creencias confesionales en estos grupos sería ciertamente diversa, pero en una situación así, esas diferencias secundarias en lo que creemos ya no se interpondrían en el camino. Las creencias fundamentales del cristianismo vendrían a ser centrales y esenciales.

Cuando esto sucede, los cristianos harán bien en considerar Hechos 11 y seguir el ejemplo de las iglesias de Jerusalén y de Antioquía. Así hallarán la libertad al renunciar a las antiguas diferencias surgidas de sus denominaciones y al concentrarse en su identidad común como cristianos.

El regalo de la humildad

Cuando Bernabé se dio cuenta de que la iglesia de Antioquía se estaba volviendo demasiado grande para poder administrarla solo, la primera persona en quien pensó para que lo ayudara fue Saulo. Bernabé había visto la brillantez, el talento y la grandeza potencial de Saulo, y pensó que no podría encontrar a un mejor colega.

Lo singular de esta elección es que Bernabé debe haber sabido que

Saulo probablemente lo eclipsaría. Bernabé había ganado una posición de gran respeto en la iglesia. Había sido de gran influencia entre los creyentes de Jerusalén y lo habían enviado a Antioquía como el hombre indicado para manejar la diversidad de la iglesia. Con Saulo de regreso en el escenario, Bernabé muy probablemente desempeñaría un papel secundario; sería el número dos, sirviendo bajo el mando de un recién llegado con un pasado escabroso.

Pero a Bernabé no le importaba en absoluto el poder o el prestigio; estaba dispuesto a renunciar a todo eso por el bien mayor. Su único interés era la expansión del reino de Dios. Y si Saulo era el hombre que podía hacer que sucediera, entonces Bernabé sería su mayor partidario. Como Juan el Bautista, Bernabé estaba dispuesto a menguar mientras que Saulo crecía si eso significaba el avance de la causa de Cristo (Juan 3:25-30).

La disposición de Bernabé para elegir a Saulo fue un acto de humildad de la clase que rara vez vemos hoy. Pero fue exactamente el tipo de actitud y comportamiento que debería caracterizar a cada cristiano. Si los cristianos, especialmente los líderes de la iglesia, se preocuparan constantemente por el bienestar de la iglesia más que por su propio prestigio, estimo que el 95 por ciento de los problemas de la iglesia se desvanecerían.

La rivalidad que nunca ocurrió

La iglesia de Antioquía floreció mucho bajo el liderazgo de Bernabé y Saulo, tanto que pronto comenzó a eclipsar a su iglesia madre de Jerusalén. Las dos iglesias bien podrían haberse convertido en rivales. Los creyentes de Jerusalén, en particular, estaban en el lugar del nacimiento del cristianismo y de su primer centro, y podrían haberse sentido amenazados por esta advenediza iglesia medio-gentil en territorio pagano. Podrían haber asumido que esta nueva iglesia estaba tratando de dar un golpe de estado, algo así como una toma del control corporativo. Los creyentes de Antioquía, por su parte, podrían haber permitido que por causa del éxito se les subieran los humos a la cabeza. Podrían haber visto a los cristianos de Jerusalén como un montón de aburridos y viejas glorias, y haberlos dejado atrás.

Pero no mostraron ninguna de estas actitudes. Parece que en estas dos iglesias se manifestaba con frecuencia el mismo tipo de humildad que demostró Bernabé. Estos creyentes no eran competidores; eran colaboradores. El interés primordial de ambos grupos era hacer progresar la causa de Cristo.

Este espíritu de servicio con amor, de cooperación y de respeto mutuo se hizo evidente durante la hambruna predicha por Ágabo. La iglesia de Antioquía se sacrificó para enviar ayuda a la iglesia fuertemente golpeada en Jerusalén. En lugar de rivalidad u orgullo, estos cristianos estuvieron marcados por el tipo de unidad que viene del Espíritu Santo.

Supliendo la necesidad de toda la humanidad

¿Por qué hubo tal explosión de conversiones en Antioquía? Una respuesta podría ser por su ubicación. Situada en las rutas comerciales por tierra y por río, era una de las tres ciudades más importantes del Imperio romano. Estaba a solo veinticinco kilómetros de un puerto mediterráneo, dándole aún mayor acceso al comercio y al transporte.

Debido a que Antioquía era un centro comercial floreciente, los viajeros procedentes de muchos países entraban y salían de la ciudad. La mayoría eran paganos. Sin embargo, el hecho de que eran paganos no quiere decir que no fueran religiosos. La mayoría creía, en algún nivel, en la existencia de seres supremos, y algunos eran devotos en sus creencias. Muchos adoraban a los dioses griegos y romanos. Otros se mostraban escépticos acerca de la validez de estos dioses, pero sabían que debía haber un poder sobrenatural de algún tipo. Sentían que había una brecha entre ellos y los dioses, así que ofrecían sacrificios en los innumerables templos y altares esparcidos por todo el imperio.

A lo largo de la historia, la gente ha percibido que hay un poder superior. Los pueblos primitivos les temían a los truenos, los rayos, las tormentas de granizo, los terremotos, los eclipses o las erupciones volcánicas, viéndolos como manifestaciones de una deidad enfurecida. A lo largo de la historia, la gente se ha sentido fuera de sincronía con este poder superior y ha ofrecido sacrificios de diversa índole como intentos de apaciguamiento. En pocas palabras, los seres humanos siempre han reconocido que algo anda mal entre la gente y Dios, y han buscado maneras de quedar bien con él.

Mientras que los antiguos mitos sobre los dioses eran terriblemente erróneos, no carecían de verdad en su totalidad. Según el famoso novelista J. R. R. Tolkien, eran simplemente intentos de expresar la realidad que las personas sentían. Los mitos acerca de dioses que mueren y los sacrificios humanos eran imágenes borrosas y distorsionadas que prefiguraban la verdad revelada en Cristo.

Este contexto cultural hacía que Antioquía estuviera idealmente situada para revelar la verdad a los paganos del mundo del primer siglo. Ellos ya eran religiosos por naturaleza. Se sentían separados de la deidad y que necesitaban hacer algo para arreglar las cosas. Puesto que para estos paganos Antioquía era una muy importante intersección de caminos, muchos vieron la verdad que habían estado anhelando revelada allí en la vida de los nuevos creyentes. Habían sido preparados por sus propios anhelos religiosos, y ahora el cristianismo les ofrecía exactamente lo que habían estado buscando.

Antioquía también tenía una ubicación ideal para lanzar el evangelio a Asia Menor, a Europa y a las ciudades que bordeaban el mar Mediterráneo. Con masas de viajeros entrando y saliendo de la ciudad, aquellos que entraban ensanchaban la ya creciente iglesia. Los que salían llevaban el mensaje de la Buena Noticia a los puertos y las ciudades extranjeras. Antioquía fue el lugar desde donde la respuesta a la necesidad universal del género humano fue esparcida al resto del mundo.

Por la providencia de Dios, esta ciudad fue la sede de una iglesia activa dirigida por cristianos que mantuvieron su visión y su diligencia. Su fervor evangelístico nunca disminuyó. Charles Swindoll cuenta una historia personal que ilustra por qué esta iglesia era tan dinámica.

He jugado suficientes deportes, he estado en contacto con suficientes entrenadores, he visto suficientes juegos y he leído con atención lo suficiente como para saber que hay una estrategia que es mortal. Y es muy sutil. Usted cree que puede ganar haciéndola, pero pierde. Se llama dormirse en los laureles. [. . .]

Cuando estaba en la escuela secundaria, nuestro equipo de baloncesto fue a las finales estatales en Texas. En un partido de las finales estatales, al medio tiempo estábamos ganando 26 a 18. El entrenador nos dijo: «Ahora sí que los tenemos. Los tenemos. Solo tómenlo con calma». ¿Saben qué? Perdimos, 41 a 40. ¿Por qué? Porque nos dormimos en nuestros laureles; confiamos en la ventaja ya alcanzada. Pensábamos que los teníamos apaleados, por lo tanto, jugamos con una mentalidad de subsistencia.

Una iglesia en crecimiento nunca llegará tan lejos como para darse el lujo de «dormirse en sus laureles». La complacencia es el mayor riesgo para la evangelización[3].

La necesidad de ellos es la nuestra

En nuestra cultura moderna y sofisticada, no somos diferentes de las personas en estas sociedades paganas. Tenemos exactamente la misma necesidad que ellos tenían. Como humanos caídos, compartimos con ellos la sensación de nuestra separación de Dios, y necesitamos desesperadamente hallar una manera de reconciliarnos con él.

Sin embargo, parece que muchas personas hoy en día no sienten esta necesidad de reconciliación con Dios tan fuertemente como la gente de épocas anteriores. Nuestra comodidad y opulencia entorpecen nuestra conciencia de cuán necesitados estamos. Pero esta necesidad de estar bien con Dios es real, y es crucial que mantengamos esta verdad delante de nosotros en todo momento. Llevamos la infección del pecado en nuestra vida y somos culpables de esos pecados. No podemos ser reconciliados con Dios hasta que esa culpa sea quitada, y solo puede ser quitada por medio del sacrificio de Cristo.

Cristo es el único camino para reconciliarnos con Dios. Solo él puede quitarnos la culpa del pecado y hacernos puros a los ojos de Dios. Él es el único y definitivo camino a la vida eterna.

EPÍLOGO

El libro de los Hechos narra muchos comienzos: el comienzo de la iglesia y el comienzo de la era d. C., así como el lanzamiento del evangelio por todo el mundo.

Estos primeros once capítulos del libro de los Hechos cuentan la historia de cómo nuestra redención del pecado comenzó en la cruz, se extendió más allá de los judíos, y comenzó su persistente marcha para bendecir a todas las naciones del mundo. Es la historia de cómo el evangelio fue llevado a los tres principales grupos identificados por Jesús en su gran comisión: los judíos, los samaritanos y los gentiles.

Este libro concluye la primera fase del libro de los Hechos. Marca la terminación del inicio de la iglesia. De este punto en adelante, el enfoque del libro de los Hechos cambia. Después de un breve interludio en el capítulo 12, se convierte principalmente en la historia de los viajes misioneros del apóstol Pablo a través de Asia menor y partes de Europa.

Aunque nuestra travesía termina aquí por ahora, lo animo a seguir leyendo el libro de los Hechos. Es uno de los relatos más apasionantes de la Biblia, lleno de acción, de suspenso y de peligro. También es un retrato biográfico de los cristianos más dedicados que alguna vez podrá encontrar. La carrera de Pablo nos inspira, y modela para nosotros cómo debería ser un cristiano en este mundo.

A medida que continúa siguiendo los pasos de Jesús, de los apóstoles y de los creyentes de la iglesia del primer siglo, mi oración es que sea inspirado a imitar la obediencia y la dedicación de ellos. Después de todo, la historia de ellos es también nuestra historia.

NOTAS

EL DÍA QUE DIOS MURIÓ
1. James Stalker, *The Life of Christ* (Grand Rapids, MI: Zondervan, 1983), 122. Publicado en español como *La vida de Jesucristo*.

DE LA PENA A LA GLORIA
1. Carl Sagan, *Billions and Billions: Thoughts on Life and Death at the Brink of the Millennium* (Nueva York: Random House Publishing Group, 1997), 258. Publicado en español como *Miles de millones: Pensamientos de vida y muerte en la antesala del milenio.*
2. John Stott, *Christ in Conflict* (Downers Grove, IL: InterVarsity Press, 2013), 56. Publicado en español como *Las controversias de Jesús.*
3. Frank Morison, *Who Moved the Stone?* (Grand Rapids, MI: Zondervan, 2002). Publicado en español como *¿Quién movió la piedra?.*
4. Charles Colson y Harold Fickett, *The Faith: What Christians Believe, Why They Believe It* (Grand Rapids, MI: Zondervan, 2008), 93. Publicado en español como *La fe: Qué creen los cristianos, por qué lo creen, y por qué es importante.*
5. Adaptado de: Josh McDowell y Sean McDowell, *Evidence for the Resurrection* (Ventura, CA: Regal, 2009). Publicado en español como *Evidencia de la resurrección.*
6. Ibíd., 308.
7. Daniel Fuller, *Easter Faith and History* [Fe e historia de la Pascua] (Grand Rapids, MI: Eerdmans, 1965), 259.
8. McDowell and McDowell, *Evidence for the Resurrection*, 309.
9. J. P. Moreland, citado en Lee Strobel, *The Case for Christ: A Journalist's Personal Investigation of the Evidence for Jesus* (Grand Rapids, MI: Zondervan, 1998), 385. Publicado en español como *El caso de Cristo: Una investigación exhaustiva.*

VIENTO Y FUEGO

1. C. S. Lewis, *Mere Christianity* (Nueva York: The Macmillan Co., 1952), 36. Publicado en español como *Mero cristianismo.*
2. James Montgomery Boice, *Acts: An Expositional Commentary* [Hechos: Un comentario expositivo] (Grand Rapids, MI: Baker Books, 1997), 56.
3. R. Kent Hughes, *Romans: Righteousness from Heaven* [Romanos: Justicia del cielo] (Wheaton, IL: Crossway Books, 1991), 284.
4. Max Lucado, *Outlive Your Life* (Nashville, TN: Thomas Nelson, 2010), 54-57. Publicado en español como *Más allá de tu vida.*
5. J. C. Macaulay, *Expository Commentary on Acts* [Comentario expositivo del libro de los Hechos] (Chicago: Moody Press, 1978), 39.
6. John R. W. Stott, *The Message of Acts* (Downers Grove, IL: InterVarsity Press, 1990), 87. Publicado en español como *El mensaje de Hechos.*

OPORTUNIDAD Y OPOSICIÓN

1. Citado en Lloyd Albert Johnson, *A Toolbox for Humanity* [Una caja de herramientas para la humanidad] (Victoria: Trafford Publishing, 2006), 23.
2. Citado en Jessica Durando, «15 of Nelson Mandela's Best Quotes» [15 de las mejores frases de Nelson Mandela] *USA Today*, 6 de diciembre del 2013, http://www.usa today.com/story/news/nationnow/2013/12/05/nelsonmandelaquotes/3775255/.
3. C. S. Lewis, *The Screwtape Letters* (Nueva York: HarperCollins, 1996), 161. Publicado en español como *Cartas del diablo a su sobrino.*
4. James A. Brooks, *The New American Commentary: Mark* [El nuevo comentario americano: Marcos] (Nashville: Broadman Press, 1991), 193.
5. Ibíd., 193.
6. Mark Buchanan citado en *Glimpses of Heaven: Surprising Stories of Hope and Encouragement* [Vislumbres del cielo: Historias sorprendentes de esperanza y aliento], escrito por Trudy Harris (Eugene, OR: Harvest House, 2013), 70.

HIPÓCRITAS Y HÉROES

1. John Phillips, *Exploring Acts* [Explorando Hechos] (Grand Rapids, MI: Kregel Publications, 1986), 94.
2. Ibíd., 94.
3. Colin Smith, «God Will Bring Justice for You» [Dios te traerá justicia], Preaching Today.com, http://www.preachingtoday.com/sermons/outlines/2012/february /godbringjustice.html.
4. Michael Card, «Wounded in the House of Friends» [Herido en casa de amigos] *Virtue* [Virtud], marzo/abril de 1991, 28-29, 69.
5. John Piper, *Let the Nations Be Glad!* (Grand Rapids, MI: Baker Academic, 2010), 113-14. Publicado en español como *¡Alégrense las naciones!*

LA MUERTE DE UN SIERVO

1. Historia adaptada de Pat Williams, *The Paradox of Power: A Transforming View of Leadership* (Nueva York: Warner Books, 2002), 199. Publicado en español como *La paradoja del poder: Una nueva perspectiva sobre el liderazgo.*

2. Gary Inrig, *A Call to Excellence* [Un llamado a la excelencia] (Wheaton, IL: Victor Books, 1985), 98.
3. Martin Luther King Jr., citado en *The NIV Application Commentary: Mark*, escrito por David E. Garland (Grand Rapids, MI: Zondervan, 2011), edición de Kindle. Publicado en español como *Comentarios bíblicos con aplicación NVI: Marcos*.
4. Calvin Miller, *Into the Depths of God* [Hacia las profundidades de Dios] (Ada, MI: Bethany House, 2000), 150.
5. Citado en Craig Brian Larson, *Perfect Illustrations for Every Topic and Occasion* (Carol Stream, IL: Tyndale House, 2002), 181-82. Publicado en español como *Ilustraciones perfectas sobre todo tema y para toda ocasión*.

EL PREDICADOR AMBULANTE

1. Tim Keller, «Preaching Hell in a Tolerant Age» [Predicando del infierno en una época tolerante], *Christianity Today*, otoño de 1997, http://www.christianitytoday.com/le/1997/fall/7l4042.html.
2. Vea el Credo de los Apóstoles y el Credo de Nicea.
3. C. S. Lewis, «The Efficacy of Prayer» [La eficacia de la oración] en *The World's Last Night and Other Essays* [La última noche del mundo y otros ensayos] (Nueva York: Harcourt, Brace & World, 1960), 3.

EL HOMBRE QUE VIO LA LUZ

1. George Lyttleton, *Observations on the Conversion and Apostleship of St. Paul* [Observaciones sobre la conversión y el apostolado de San Pablo] (London: The Religious Tract Society, 1868), 75.
2. C. S. Lewis, *Surprised by Joy* (Nueva York: Harcourt, Brace & Company, 1955), 224, 228-29. Publicado en español como *Sorprendido por la alegría*.
3. John MacArthur, *The MacArthur New Testament Commentary: Acts 1-12* (Chicago: Moody Press, 1994), 270. Publicado en español como *Comentario MacArthur del Nuevo Testamento: Hechos*.
4. Dan Graves, «Alcoholic Mel Trotter Delivered from Drink» [El alcohólico Mel Trotter liberado de la bebida] *Christianity.com*, http://www.christianity.com/church/churchhistory/timeline/1801-1900S/alcoholicmeltrotterdeliveredfromdrink-11630650.html.

COMIENZOS TORMENTOSOS

1. J. Oswald Sanders, *Bible Men of Faith* [Hombres de fe de la Biblia] (Chicago: Moody, 1970), 202.
2. Tim Kimmel, citado en *Stories for the Heart*, escrito por Alice Gray (Sisters, OR: Multnomah, 2001), 59-60. Publicado en español como *En aguas refrescantes*.

LA VIDA QUE DIOS BENDICE

1. C. S. Lewis, *The Horse and His Boy* (Nueva York: Macmillan, 1954), 122–23. Publicado en español como *El caballo y el muchacho*.
2. «Little Is Much When God Is in It» [Poco es mucho cuando Dios está en el asunto], letra y música por Kittie L. Suffield, 1924.

UNA PARED SE DERRUMBA
1. Lewis, «The Efficacy of Prayer», 9.
2. *Bits and Pieces* [Trozos y Pedazos], noviembre de 1989, 24.

POR TODO EL MUNDO
1. Flavius Josephus, *Josephus: Complete Works* (Grand Rapids, MI: Kregel Publications, 1963), 416. Publicado en español como *Obras Completas de Flavio Josefo.*
2. Estadísticas extraídas de Samuel S. Hill y Frank S. Mead, *Handbook of Denominations in the United States* [Manual de denominaciones en los Estados Unidos] (Nashville: Abingdon Press, 1994), http://mesacc.edu/~thoqh49081/handouts/denominations.html.
3. Charles R. Swindoll, *The Tale of the Tardy Oxcart* [El cuento de la carreta lenta] (Nashville: Word Publishing, 1998), 184.

ACERCA DEL AUTOR

El Dr. David Jeremiah sirve como pastor principal de Shadow Mountain Community Church en El Cajon, California. Es el fundador y presentador de Momento Decisivo, un ministerio dedicado a proveer a los cristianos sólida enseñanza bíblica, pertinente a los cambiantes tiempos actuales, a través de la radio, la televisión, la Internet, eventos en vivo, materiales de recursos y libros. Un autor de éxitos, el Dr. Jeremiah ha escrito más de cuarenta libros, incluyendo *Captured by Grace* (*Capturados por la gracia*), *Living with Confidence in a Chaotic World* (Vivir con confianza en un mundo caótico), *What in the World Is Going On?* (¿Qué le pasa al mundo?), *The Coming Economic Armageddon* (*El Armagedón económico venidero*), *God Loves You: He Always Has—He Always Will* (*Dios te ama: Siempre lo ha hecho, siempre lo hará*), *What Are You Afraid Of?* (¿A qué le tienes miedo?) y *Agents of the Apocalypse* (*Agentes del Apocalipsis*).

El compromiso del Dr. Jeremiah de enseñar toda la Palabra de Dios continúa haciéndolo un orador y escritor muy solicitado. Su pasión de alcanzar a los perdidos y de alentar a los creyentes en su fe se demuestra a través de su fiel comunicación de las verdades bíblicas.

Un hombre dedicado a su familia, el Dr. Jeremiah y su esposa, Donna, tienen cuatro hijos adultos y doce nietos.

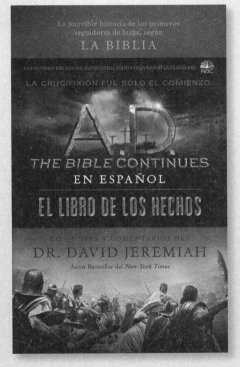